NOTES SUR MÉRIMÉE

CHARLES DU BOS

NOTES SUR MÉRIMÉE

PARIS
SOCIÉTÉ DES TRENTE
ALBERT MESSEIN, ÉDITEUR
19, QUAI SAINT-MICHEL, 19

1920

IL A ÉTÉ TIRÉ DE CE LIVRE

20 exemplaires sur Japon impérial numérotés de 1 à 20
et 500 exemplaires sur papier vergé d'Arches
numérotés de 21 à 520.

SERVICE DE PRESSE N°

Pour Eugène Marsan

Son ami,

C. D. B.

NOTES SUR MÉRIMÉE

« Presque tous ces petits édifices sont aussi intacts qu'au premier jour. »

Taine, *Etude sur Mérimée*, en tête des *Lettres à une inconnue.*

Cannes, 23 septembre 1870.

« Chère amie, je suis bien malade, si malade que c'est une rude affaire d'écrire. Il y a un peu d'amélioration. Je vous écrirai bientôt, j'espère, plus en détail. Faites prendre chez moi, à Paris, les Lettres de Mme de Sévigné et un Shakspeare. J'aurais dû les faire porter chez vous, mais je suis parti. Adieu. Je vous embrasse. »

Ainsi s'achèvent les *Lettres à une Inconnue.* Deux heures après avoir tracé ces lignes, Prosper Mérimée mourait dans son sommeil. Il fut inhumé dans le cimetière de Cannes par les soins de la fidèle Frances Lagden, dont le dévouement avait accompagné ses dernières années, et qui, neuf ans plus tard, venait à son tour prendre place à côté de lui. De longtemps je le connaissais, ce cimetière, à travers le récit de la visite qu'y fit, en 1892, Paul Bourget, le jour où, terminant à Cannes la lecture des *Souvenirs d'Egotisme*, et éprouvant, dit-il, « le besoin de me rapprocher de cet écrivain que je venais de sentir si vibrant, si passionnant, si ami », à défaut d'une visite à la tombe de Stendhal à Montmartre, il se rendit sur celle de Mérimée. J'y ai été au printemps de 1914. Le « cyprès enguirlandé de roses » était toujours là, « dans ce champ de repos d'où se déroule l'admirable horizon de la mer et de l'Estérel ».

Au moment du cinquantenaire de la mort de Mérimée, les quelques notes qui suivent n'ont d'autre signification que de renouveler en esprit cette visite, et de reconnaître une dette déjà ancienne. Tant que nous n'avons pas acquitté, si imparfaitement que ce soit, ces dettes-là, l'image de chacun des écrivains les mieux aimés revient sans cesse hanter notre pensée, un peu à la manière de ce spectre d'Elpénor, dont

Mérimée inscrivait l'émouvant appel au seuil de son H. B :

Μή γ'άκλαυτον, ἄθαπτον, ἰων οπιθεν καταλέιπειν. « Ne me laisse pas sans être pleuré, sans être enterré. »

De telles ombres peuvent certes se passer de nos soins, mais nous avons, nous, trop besoin des leurs, pour ne pas vouloir, ne fût-ce que vis-à-vis de nous-mêmes, leur apporter notre témoignage.

*
* *

Mérimée est inimitable de naturel dans la transcription des propos tout à fait quelconques qui s'échangent au cours d'une conversation. C'est là un don beaucoup plus rare qu'on ne l'imagine communément ; d'ordinaire, romanciers et nouvellistes, trop préoccupés à l'avance d'attraper le ton courant et familier, l'outrepassent ; chez eux la banalité rend parfois un son faux et comme affecté. Mérimée, au contraire, dispose en maître d'une sorte de banalité de bon aloi ; dans son œuvre, la parole insignifiante a le taux exact de son insignifiance même ; en soi, elle n'est rien, mais du seul fait qu'elle a été prononcée — bulle légère et vaporeuse qui se solidifie et s'immobilise dans l'air — elle prend place, pour ainsi dire, entre les interlocuteurs, au centre du cercle, et pèse de tout son poids mort sur l'entretien. Rien ne la déloge jusqu'à la parole suivante, qui, à son tour, s'installe et s'incruste.

De ce don, l'art de Mérimée tire certains effets surprenants : il lui suffit de faire subir à un Saint-Clair le supplice le plus raffiné qu'ait, pour l'infliger aux amoureux, inventé la civilisation : celui d'être, directement ou indirectement, mis sur la sellette. Le bouleversement si particulier que les propos échangés déclenchent alors dans l'âme d'un auditeur passionné et en apparence indifférent — bouleversement qui semble presque en raison directe de la vanité des propos eux-mêmes — donne à la scène une résonnance d'une étrange qualité, comme la vibration d'un verre fragile qu'une brusque secousse fait trembler. A cet égard, le déjeuner de garçons dans *le Vase Etrusque* ne saurait guère être surpassé : c'est la perfection de la tragi-comédie.

*
* *

« Pour moi, dit Thémines, reprenant la conver-
« sation, plus je vis et plus je vois qu'une figure
« passable, et en même temps il jetait un coup d'œil
« complaisant sur la glace qui lui était opposée, une
« figure passable et du goût dans la toilette sont la
« grande singularité qui séduit les plus cruelles ; et
« d'une chiquenaude, il fit sauter une petite miette
« de pain qui s'était attachée au revers de son ha-
« bit. » (1)

Procédé par lequel les romanciers ont parfois obtenu certains de leurs plus beaux effets. Il consiste, soit à renforcer, soit, plus subtilement, à contredire, la parole que vient de prononcer un des personnages par un acte machinal choisi avec tant de justesse que, de la parole prononcée, il semble la traduction, ou la négation, matérielle dans le monde de l'automatisme. Le danger du procédé, c'est qu'il revêt assez vite un caractère irrésistible : on y est assuré à peu de frais contre tous risques. Afin d'éluder ce qu'il pourrait y avoir de mécanique dans des effets aussi inévitables, Tourguéneff qui est

(1) *Le Vase Étrusque.*

peut-être le maître des maîtres à cet égard, se sert de préférence du geste qui contredit la parole ; il va parfois jusqu'à affiner encore le procédé en le compliquant : il choisit alors un geste qui, renforçant en apparence la parole grâce à quelque ressemblance superficielle, ne fait en réalité que la mieux contredire par l'interprétation tout opposée qui s'en dégage. En voici deux exemples que nous offre cette étonnante paire de pharisiens, le Sipiaguine et le Kalloméïtsef de *Terres Vierges* :

« Mais ici de nouveau Sipiaguine remit Kalloméïtsef à sa place, en déclarant qu'Adam Smith était une des lumières de l'esprit humain, que l'on devrait sucer ses principes... (il se versa un verre de Chateau-d'Yquem) avec le lait... (il approcha le verre de son nez et le flaira) maternel... (1).

« Se montant peu à peu et s'excitant lui-même Kalloméïtsef, des jacobins étrangers, passa aux nihilistes et aux socialistes du dedans, contre lesquels il fulmina toute une philippique. Il prit un pain blanc dans ses deux mains, et, le rompant au-dessus de sa soupe, comme le font les habitués du « café Riche » il exprima le désir de briser, de rompre, de réduire en poudre tous ceux qui font de l'opposition « à quoi que

(1) *Terres Vierges*, chapitre IX.

que ce soit et à qui que ce soit ! ». Ce furent ses propres expressions.

« Il n'est que temps ! s'écriait-il en portant sa cuiller à sa bouche. Il n'est que temps !... » répétait-il en présentant son verre au valet de pied qui lui versait du Xérès (1).

*
* *

« D'ailleurs, il était grand, bien fait ; sa physio-
« nomie était noble et spirituelle, presque toujours
« trop grave ; mais son sourire était plein de
« grâce » (2).

Dans les trois pages qui précèdent, Mérimée vient de nous tracer le portrait moral de Saint-Clair, tel qu'il apparaît à l'auteur, au héros lui-même, — tel aussi qu'il se réfracte dans le jugement de ses amis. En terminant, il s'aperçoit que, du physique de son personnage, il n'a rien dit, et, machinalement, il ajoute trois lignes rédigées dans les termes les plus généraux et les plus abstraits : il se borne à réparer un oubli. Pour lui, comme pour Stendhal, la description

(1) *Terres Vierges*, chapitre XIV.
(2) *Le Vase Étrusque.*

physique d'un personnage, c'est le pensum que l'on exécute, mais en l'accompagnant d'un haussement d'épaules dédaigneux. Puisque cette convention est nécessaire, semblent-ils dire, expédions-la du moins rapidement.

*
* *

« Darcy à Paris ! s'écria-t-elle. J'aurai du plaisir à le revoir. Est-il changé ? Est-il devenu bien roide ? — Ce jeune diplomate ! Darcy, jeune diplomate ! et elle ne put s'empêcher de rire toute seule à ce mot : jeune diplomate (1). »

La qualité d'une roulade qu'une jeune femme exécute, dans la solitude de sa chambre, pour le plaisir..... Rien ne traduit mieux, chez la jeune fille ou chez la jeune femme, tantôt la sensation de sa propre jeunesse, et l'exubérance heureuse, bousculée, dont la conscience de cette sensation s'accompagne, — tantôt l'aurore, ou le réveil, d'un sentiment. De ces roulades, avec cette connaissance quasi-magique de tout ce qui traverse, ne fût-ce qu'un instant, l'esprit et l'âme

(1) La *Double Méprise*, chapitre VI.

d'une jeune fille ou d'une femme, et qui fait de lui une sorte de Klingsor « des ewig-weiblichen », nul n'a su tirer parti comme Tolstoï : il suffit de nommer la Natacha de *Guerre et Paix*.

*
* *

La première introduction du *Vase Etrusque* dans la nouvelle qui porte ce titre est un chef-d'œuvre de justesse psychologique. Saint-Clair n'a pas plus tôt, en une phrase impersonnelle et toute générale, donné un démenti à Thémines qu'il se rappelle le vase étrusque offert autrefois par Massigny à Mme de Coursy, et le soupçon naît instantanément. Suivant cette loi obscure, mais constante, de la succession rapide d'états intérieurs contradictoires, la phrase même qu'il vient de prononcer le rejette à l'autre extrémité, — comme un homme qui pose un pied à terre repousse d'un geste presque brutal le radeau grâce auquel il vient d'aborder.

*
* *

Il semble qu'il y ait chez Mérimée et chez Tourgueneff un emploi et un dosage assez analogues de la singularité : elle ne s'épand pas en plein courant, dans un large et fluvial récit, ainsi que chez un Tolstoï ou plus encore chez un Dostoïewski ; la singularité s'enchâsse dans leurs œuvres comme le chaton unique, bien encastré, d'une bague d'homme, et elle préserve l'isolement, l'éclat ambigu de certaines pierres. Que l'on songe à *Lokis* ou à *la Vénus d'Ille*, et aux réactions d'un personnage tel que le Paul Pétrovitch Kirsanof de *Pères et Enfants* !

***

« Aurais-je été heureuse avec un autre que lui ? « se demanda-t-elle. A... est décidément un sot ; « mais il n'est pas offensif, et Amélie le gouverne à « son gré. Il y a toujours moyen de vivre avec un « mari qui obéit. B... a des maîtresses, et sa femme « a la bonté de s'en affliger. D'ailleurs, il est rempli « d'égards pour elle, et... je n'en demanderais pas « davantage. Le jeune comte de C..., qui toujours, « lit des pamphlets, et qui se donne tant de peine « pour devenir un jour un bon député, peut-être « fera-t-il un bon mari ? Oui, mais tous ces gens-là « sont ennuyeux, laids, sots... » (1)

(1) La *Double Méprise*, chapitre VII.

Tout ce passage, et, en particulier, la phrase qui le termine, est du pur Stendhal. Si je le signale, c'est que le cas est beaucoup moins fréquent qu'on ne serait en droit de se le figurer. Pour mordu qu'ait été Mérimée par Beyle, et qu'il le soit à plus d'un égard demeuré, les traces de la morsure ne transparaissent que fort peu dans ses œuvres ; les ressemblances qu'on y relève restent des ressemblances d'écorce, bien plus que de noyau. Mais cette dernière phrase pourrait être de Julien ou de Mathilde : elle a, tout à la fois, le diapason et le disque stendhaliens. Elle déborde la minceur coutumière de Mérimée, qui est à Stendhal dans le rapport d'un croissant à une pleine lune. Il n'en est que plus curieux de la rencontrer dans un de ces monologues intérieurs où Stendhal et Tolstoï sont sans défaut, — où Mérimée, au contraire, se montre d'habitude si faible, si embarrassé, si ennuyé aussi : il y a dans *Colomba*, — au sens strictement artistique du terme peut-être la moins sérieuse de ses œuvres, — un monologue où les hésitations de Miss Nevil sont artificiellement balancées, comme dans les trois points d'une dissertation de collège.

*
* *

Un lecteur assidu des nouvelles de Musset, en particulier d'*Emmeline* et plus encore de « *les Deux Maîtresses* » — si l'on excepte les comédies, le chef-d'œuvre de Musset prosateur — ne saurait, en présence des nouvelles de Mérimée, résister à un certain jeu d'analogies et de contrastes qui s'insinuent d'abord, puis qui s'imposent. Le rapprochement avait d'ailleurs amusé et aiguillonné la perspicacité de Sainte-Beuve : ainsi qu'il convient, ce sont principalement les différences qu'il met en valeur, et les pages qui dans le septième volume des *Causeries du lundi* terminent son article sur les Faux Démétrius, témoignent à cet égard de toute la pénétration, de tout le délié que l'on était en droit d'attendre. La phrase de Musset et celle de Mérimée ont toutes deux de la souplesse : mais chez Mérimée, c'est la souplesse résistante d'une arme, du fleuret boutonné qui se recourbe sur le plastron de cuir de l'adversaire : le geste aisé, mais toujours près du corps du bon escrimeur ; chez Musset, c'est la souplesse sinueuse des arabesques les plus délicates, le plaisir du bel art décoratif à l'état pur : style qui est à la fois en deçà et au delà de l'image comme du relief, du nombre aussi bien que de la coupe, — en deçà par l'absence totale, presque ingénue, de tout procédé discernable ; au-delà par les sensations toujours imprévisibles, sans cesse renouvelées, qu'il éveille ; la grâce insaisissable de la phrase de Musset — si poignante et si volatile — vient sans doute en partie de là : la phrase semble se passer de tout, rien pourtant jamais ne lui manque : elle se fait, se défait, puis se refait au fur et à mesure sous nos yeux. La grâce de Mérimée, très réelle, mais d'une nature assez spéciale, résulte surtout de ce que l'on pourrait appeler la dextérité manuelle de son esprit. C'est un esprit rompu à tous les exercices, à tous les sports intellectuels. Dans leur pratique il a contracté l'aisance de mouvements de l'homme bien entraîné, et sa phrase en recueille le plein bénéfice. Elle a des courbures, mais pas d'angles : ses coins sont si agréablement polis par l'usage que les divers membres de la proposition s'introduisent et s'ajustent sans effort.

Les minutes les plus mystérieuses de Musset — ces fusées comme d'une folie capricieuse et soudaine qui font que lorsqu'elles éclatent, Musset apparaît tel un instrument nouveau dans l'orchestre littéraire, — on en retrouverait parfois d'un peu analogues chez Mérimée, mais qui décrivent une trajectoire plus courte au-dessous de celles de Musset. Les fusées de folie de Musset lancent ses personnages dans les nues : elles ont quelque chose de métaphysique, en ce sens qu'à l'instant où à l'intérieur du personnage un ressort est cassé, ce personnage a la vision subite d'une cassure dans le mécanisme de l'univers : l'univers entier chavire, se disloque, dans les propos de Fantasio, violoniste de son ivresse, et l'épaisse placidité de Spark en reste tout abasourdie.

Chez Mérimée, au contraire, les moments de demi-folie rabattent les personnages sur eux-mêmes : ce qu'ils aperçoivent aux heures de déception sous-jacente, ce sont les événements qui leur sont le plus strictement particuliers, tout proches encore, déjà détachés d'eux pourtant ; comme si pour mieux leur découvrir leur signification, ou plutôt leur insignifiance véritable, ces événements empruntaient la voix de quelque oiseau moqueur qui, d'un arbre voisin, semble leur fredonner impitoyablement leur propre bêtise.

* * *

Au sujet de l'emploi du raccourci chez Mérimée, il y aurait plus d'une distinction à faire. Tout le monde a signalé avec raison le rôle du raccourci dans la conception d'ensemble, dans l'économie générale d'une nouvelle de Mérimée ; mais, menée avec plus de maîtrise et d'aisance parce qu'elle concordait chez lui avec cette maigreur vigoureuse qui lui faisait haïr toute superfétation, il n'y a encore là, en somme, que la mise en pratique de la loi essentielle à laquelle tout nouvelliste tend à se conformer. D'un ordre beaucoup plus élevé et plus rare est ce que l'on pourrait appeler le raccourci plastique, — celui qui ramasse toute une scène, ou tout un épisode, en un tableau que la mémoire emporte, et dont notre souvenir dispose comme d'un objet tangible, inattaquable, sur lequel l'oubli n'a pas prise : Mérimée excelle dans ce raccourci-là. Pour peindre tout un caractère par un geste, une attitude significative, il est vraiment incomparable : il donne, à de tels moments, l'équivalent plastique de l'analyse la plus déliée. Il suffit de rappeler la scène où Carmen est surprise par don José comme elle est en train de dire la bonne aventure à l'auteur : avec volubilité, et mimique expressive à l'appui, elle incite en vain don José à couper la gorge de l'étranger : « A tout ce torrent d'éloquence, don José ne répondit que deux ou trois mots prononcés d'un ton bref. Alors la bohémienne lui lança un regard de profond mépris ; puis s'asseyant à la turque dans un coin de la chambre, elle choisit une orange, la pela et se mit à la manger ». Citons encore l'extraordinaire récit, rapporté par le Procureur du Roi, de la nuit de noces de Mme Alphonse de Peyrehorade, dans la *Vénus d'Ille*, — où chaque détail est choisi, introduit, avec un art si sûr que Mérimée renforce l'impression surnaturelle qui se dégage de l'histoire, rien que par le tact avec lequel les droits du naturel sont sauvegardés ; — et, au moment peut-être le plus mystérieusement tragique du

Vase Etrusque, celui où Saint-Clair frappe « doucement de sa clé le vase odieux, augmentant progressivement la force de ses coups de manière à faire croire qu'il allait bientôt le faire voler en éclats », il semble que l'on perçoive à travers le geste le mouvement de galop du cœur qui s'affole.

Mais si, de la conception d'ensemble, et du traitement de la scène ou de l'épisode isolé, l'on passe au raccourci dans l'expression et dans le style, c'est ici qu'il convient, lorsqu'il s'agit de Mérimée, de serrer la question d'un peu plus près. Chez Stendhal, l'emploi du raccourci est fonction directe de richesses intérieures accablantes. Toujours, il a trop à dire, — il le sent, il le sait, — et le raccourci devient pour lui une simple nécessité vitale : il va au plus court, parce qu'il ne peut pas faire autrement, et sa récompense, ainsi que celle du lecteur, est que tout ce qu'il dit s'étoffe,se double de tout ce que l'on devine qu'il pourrait dire encore. Chez deux très grands artistes, le premier, d'une touche plus large, mais parfois plus hasardeuse, — le second, si conscient, si maître de ses moyens, — chez Michelet et chez Barrès, — l'emploi du raccourci met à nu les fibres les plus secrètes, les plus rétractiles de tout l'être ; bref, dans presque tous les exemples importants que l'on pourrait citer, l'emploi du raccourci dans l'expression et dans le style se rattache à quelque particularité souterraine, souvent centrale, dans l'organisation de l'écrivain, et sur la nature de laquelle, précisément, l'usage que l'écrivain en fait projette la plus vive lumière. Or, dans le cas de Mérimée, il en va tout différemment ; le raccourci de l'expression existe chez Mérimée, mais c'est un raccourci négligent et comme anonyme : le raccourci qu'il affecte le plus, celui qu'il préfère, c'est le raccourci par le cliché : dans ce vaste arsenal il choisit ceux d'entre les clichés qui circulent depuis assez longtemps pour avoir éliminé toute trace, tout ressouvenir de l'image ou de la métaphore, qui sans doute leur donna naissance, — puis, selon la recette de Brummel, il passe encore ces clichés au papier de verre et, par un surprenant détour, cette opération communique à la phrase je ne sais quelle indéfinissable élégance désempesée. Nous touchons ici, me semble-t-il, le point en ce qui concerne le style de Mérimée, — ce style dont

Walter Pater a dit « qu'impersonnel dans sa beauté, il était la perfection du style de personne ». Mot profond, définitif, si vrai qu'il ne laisse rien à ajouter.

*
* *

« Lorsqu'il parlait bas à une demoiselle, les mères ne s'alarmaient pas, car leurs filles riaient tout haut, et les mères de celles qui avaient de belles dents disaient même que M. Darcy était fort aimable » (1).

Il y a un certain degré de bonheur d'expression qui crée comme une immunité en faveur de la chose exprimée et qui va jusqu'à en accroître la valeur. Musset excelle, lui aussi, dans cette réussite aisée de la phrase d'observation ; mais tandis que le seul relief que se permette un Mérimée consiste en un léger rehaut du tour lorsqu'il s'agit d'une observation psychologique, l'absence de tout rehaut dans la phrase de Musset incline le lecteur à confondre la justesse avec la banalité.

(1) La *Double Méprise*, chapitre VII.

*
* *

« Darcy était à cent lieues de deviner ce qui se passait dans le cœur de Julie. Il venait de remarquer qu'ils entraient dans la rue habitée par Mme de Chaverny, et remettait ses gants glacés avec beaucoup de sang-froid » (1).

Le geste ne saurait être mieux choisi. Darcy est de la meilleure qualité dont en France soit fait un mufle. Exactement il est le mufle avec des gants.

*
* *

Dans l'œuvre de Mérimée, *le Vase Etrusque* m'apparaît comme le jet d'eau solitaire. Le récit fuse et retombe, inlassablement. Nulle part, il ne fuse si haut.

Une femme, enveloppée dans une pelisse, accompagna Saint-Clair jusqu'à la porte, et passa la tête en dehors pour le voir encore plus longtemps tandis qu'il s'éloignait en descendant le sentier qui longeait

(1) La *Double Méprise*, chapitre XII.

le mur du parc. Saint-Clair s'arrêta, jeta autour de lui un coup d'œil circonspect, et, de la main, fit signe à cette femme de rentrer. La clarté d'une nuit d'été lui permettait de distinguer sa figure pâle, toujours immobile à la même place. Il revint sur ses pas, s'approcha d'elle et la serra tendrement dans ses bras. Il voulait l'engager à rentrer; mais il avait encore cent choses à lui dire. Leur conversation durait depuis dix minutes, quand on entendit la voix d'un paysan qui sortait pour aller travailler aux champs. Un baiser est pris et rendu, la porte est fermée, et Saint-Clair, d'un saut, est au bout du sentier. Il suivait un chemin qui lui semblait bien connu. — Tantôt il sautait presque de joie, et courait en frappant les buissons de sa canne; tantôt il s'arrêtait ou marchait lentement, regardant le ciel qui se colorait de pourpre du côté de l'Orient. Bref, à le voir, on eût dit un fou enchanté d'avoir brisé sa cage. Après une demi-heure de marche il était à la porte d'une petite maison isolée qu'il avait louée pour la saison. Il avait une clef : il entra ; puis il se jeta sur un grand canapé, et là, les yeux fixes, la bouche courbée par un doux sourire, il pensait, il rêvait tout éveillé.

Il y a ici tout à la fois un élan et un abandon que je crois à peu près uniques dans l'œuvre de Mérimée : toute la nouvelle obéit à un double rythme : l'abandon et la surveillance ; l'élan et la chute ; et rien n'est plus harmonieusement agencé que le jeu de leurs alternances : c'est le rythme même du jet d'eau.

Quand, après avoir scruté et retourné pendant des années ces vingt-cinq pages, on relit la nouvelle d'un trait, ainsi qu'on ferait un temps de galop, il semble qu'à la coutumière délectation morose vienne se substituer comme un grand souffle de poésie. Des bouffées d'un air tour à tour frais et chargé vous effleurent en passant le visage, et l'on se surprend à chuchoter la parole lourde de sens d'André Gide, dans *Les Nourritures terrestres* : « La mélancolie n'est que de la ferveur retombée. »

*
* *

A propos du mot de Walter Pater sur le style de Mérimée, les corrections de celui-ci pourraient fournir une contre-épreuve intéressante. Je ne possède qu'une édition originale de Mérimée, mais c'est celle de *la Double Méprise* que je tiens, sinon pour le plus grand, du moins pour le plus accompli et le plus complexe à la fois de ses chefs-d'œuvre. La confrontation des deux textes est fort instructive. On y constate le plus souvent, non pas la suppression des clichés, mais au cliché dont on a pu, la première fois qu'on l'employait, se savoir gré, et qui sur la banalité greffe l'ornement du ridicule, la substitution du cliché tout à fait courant, de celui qui passe vraiment inaperçu.

Édition originale : « Lorsqu'elle aurait consenti à unir son sort au sien. »

Édition définitive : « Lorsqu'elle aurait consenti à lui donner sa main. »

Édition originale : « Tout en lui était repoussant à ses yeux. »

Édition définitive : « Elle trouvait tout en lui repoussant. »

Les suppressions atteignent le moindre mot inutile, mais chez Mérimée la trame du langage est tellement plus donnée qu'obtenue que, bien loin de déterminer une tension ou une roideur quelconque, la suppression ne semble qu'huiler davantage les gonds sur lesquels la phrase tourne.

Parfois, de deux phrases dont le parallélisme risquerait de rendre le récit un peu traînant, Mérimée ne fait qu'une seule qui trouve aussitôt son aplomb.

Édition originale : « Sa coquetterie était toute d'instinct comme celle d'un enfant. Elle s'alliait fort bien avec une certaine réserve dédaigneuse qui n'était pas de la pruderie. »

Édition définitive : « Sa coquetterie, toute d'instinct comme celle d'un enfant, s'alliait fort bien avec une certaine réserve dédaigneuse qui n'était pas de la pruderie ».

Les rares additions ont toujours pour objet un rehaut d'ordre psychologique ou moral. Une des plus grandes coquetteries de Mérimée réside dans le ton qu'il se plaît à donner à la réflexion.

Édition originale : « Ce mari n'était point un fripon ; ce n'était pas une bête, encore moins un sot. »

Édition définitive : « Ce mari n'était point un malhonnête homme ; ce n'était pas une bête ni un sot. Peut-être cependant y avait-il bien en lui quelque chose de tout cela. »

***

Le récit de *la Double Méprise* ressemble au parquet de la meilleure salle de bal : pas trop luisant, jamais raboteux, il est encaustiqué juste à point : le lecteur y glisse, mais sans avoir à redouter la chute, sans que rien non plus n'accroche.

Cette aisance inimitable, si elle laisse transparaître la parfaite justesse de l'analyse, nous en masque parfois l'acuité, disons même la profondeur. Nous sommes tellement habitués à ce que la profondeur et l'acuité psychologiques ne s'introduisent jamais dans un récit sans adresser quelque appel, si discret soit-il, à notre attention, que lorsque l'appel fait défaut, nous demeurons exposés à estimer trop bas la valeur, la nouveauté surtout, de ce qui nous est offert. A cet égard, — et replacée à sa date de 1833, — *la Double Méprise* réserve plus d'une découverte à une quatrième lecture, — à ces lectures que l'on entreprend comme par acquit de conscience, simplement pour contrôler des impressions déjà anciennes, — et qui, souvent, quand il s'agit d'un chef-d'œuvre véritable, se révèlent les lectures les plus enivrantes et les plus fructueuses de toutes.

J'ai déjà signalé un point de contact avec Tolstoï, mais on en pourrait relever bien d'autres. Il y en a qui ne sont que des similitudes de tour comme dans la phrase par laquelle la nouvelle débute : « Julie de Chaverny était mariée depuis six ans environ, et, depuis à peu près cinq ans et six mois elle avait reconnu non seulement l'impossibilité d'aimer son mari, mais encore la difficulté d'avoir pour lui quelque estime », et qui trouverait si bien place dans certaines parties d'*Anna Karénine*. Mais il existe des ressemblances d'un ordre bien plus important, par exemple dans la nature des mobiles par lesquels est mue l'héroïne — comme en ce trait où éclatent, tout à la fois, une fierté ombrageuse analogue au sursaut du sang chez une Anna, et cette horreur qu'inspire à tout esprit féminin bien né jusqu'à la seule possibilité qu'on puisse interpréter ses réactions à contre-sens : Julie appréhende une explication avec son mari ; jamais ils n'ont eu de conversation sérieuse ensemble, mais la raison secrète de son appréhension, la voici : « Elle craignait surtout de pleurer au milieu de cette explication, et que Chaverny n'attribuât ses larmes à un amour blessé » ; — et la brève explication qui suit est conduite avec une sûreté, une maîtrise presque tolstoïennes. Ce n'est pas l'auteur qui dresse l'un contre l'autre les personnages : ils se trouvent ainsi dressés du seul fait de leur existence, et, derrière les quelques paroles échangées, derrière chacun des gestes, la cloison étanche qui les sépare apparaît, indestructible. Sans doute la matière de Mérimée est infiniment plus mince, la scène reste d'un art tout linéaire ; rien ici des dessous si denses de Tolstoï, de cette lourdeur d'orage, de ces zigzags de la sensibilité, semblables aux zigzags de l'éclair sillonnant la nue, qui, dans les explications entre Anna et Wronski, nous bouleversent de la même manière dont nous les sentons eux-mêmes bouleversés. C'est le rapport d'un beau dessin français du XVIe siècle à une toile de Tintoret, mais le dessin n'en est pas moins parfait, et si j'ai insisté sur ce rapprochement avec Tolstoï, je n'avais d'autres objet que de marquer qu'en 1833 Mérimée possédait — dans des proportions plus réduites, et, si l'on veut, à l'échelle classique — certaines de ces qualités qui fleuriront dans l'œuvre à la fois mystérieuse et nette de Tourguéneff, pour trouver leur plein épanouissement dans ces deux mondes psychologiques complets, *Guerre et Paix*, et *Anna Karénine.*

Pas plus que le récit, la composition de *la Double Méprise* ne trahit la moindre trace d'effort, et elle aussi risquerait d'induire en erreur. Sous son air si agréablement nonchalant, — l'allure désinvolte du chien de chasse qui suit la piste en reniflant, — la composition est agencée avec l'art le plus savant et le plus subtil : elle lève et résout au passage des problèmes qui n'ont été perçus et étudiés que par des romanciers d'une tout autre envergure que Mérimée. Jamais de flottement, — point de parties disponibles se glissant dans les interstices où elles se bornent à se tenir l'emploi de bourrelets ; comme ces boîtes de laque qui entrent les unes dans les autres, toutes les pièces dont est faite *la Double Méprise* se commandent et s'ajustent avec précision. Le rôle assigné à Chateaufort, par exemple, dans la nouvelle, témoigne d'une entente très rare de certaines lois de la composition. Considéré en lui-même, Chateaufort n'est, si l'on veut, qu'une utilité, mais sa valeur dans la composition d'ensemble empêche qu'on ne le relègue à ce rang : exactement il est l'inconscient agent conducteur qui prépare la sensibilité de Julie, et qui contribue à la jeter dans les bras de Darcy : « Peut-être même l'espèce d'entraînement qu'elle avait ressenti pour Chateaufort qui d'ailleurs, dans ce moment, était complètement oublié, l'avait-elle préparée à se laisser aller, sans trop de remords, au sentiment bien plus vif qu'elle éprouvait pour Darcy ». La même adresse, le même tact se font jour dans la composition intérieure de chaque scène, ou de chaque chapitre. Pour la scène, — pour tout ce qui est en action —, nous connaissions déjà les ressources de Mérimée, mais pour un chapitre qui ne contient d'autres événements qu'une succession d'états internes, nous aurions pu conserver des doutes. Nous avons constaté plus haut la fréquente maladresse de Mérimée dans le monologue intérieur, et, si nous en cherchions le pourquoi, nous trouverions sans doute que ses personnages n'ont pas assez d'étoffe pour qu'entièrement livrés à eux-mêmes, leurs réactions puissent s'imposer au point d'occuper la totalité de notre esprit : ils ont besoin, non certes de la pesée brutale que pourrait exercer sur eux quelque pseudo-romancier, mais bien du support délicat que leur fournissent la présence en retrait et les discrètes réflexions de Mérimée. A l'abri de ce tuteur léger, toutes les variations de leur météorologie intime se produisent librement et décrivent leurs courbes (1).

Mérimée est même capable du tour de force où tant de puissants romanciers se cassent les reins : je fais ici allusion au va-et-vient qui à un moment de crise s'établit dans l'esprit d'un personnage entre le présent et le passé. La manière dont ce va-et-vient s'établit, — tant au point de vue de la composition qu'à celui de la psychologie, — constitue peut-être la meilleure pierre de touche sur laquelle se puisse éprouver le don de romancier dans ce qu'il a de plus rare et de plus malaisément saisissable. On pourrait compter ceux qui y réussissent, et tout écrivain qui n'est pas un romancier né y capote immanquablement. A cet égard le chapitre VII de *la Double Méprise* est un chef-d'œuvre.

*
* *

Il y a dans la *Chronique du règne de Charles IX* un chapitre intitulé : « Dialogue

(1) Voir surtout le chapitre VII et le chapitre XIV de *la Double Méprise*.

entre le lecteur et l'auteur », qu'il importe de lire de près si l'on veut bien comprendre l'attitude de Mérimée vis-à-vis de la littérature descriptive appliquée à une matière historique.

Le titre seul du chapitre indique que Mérimée contrevient ici à tous ses principes, mais il n'y contrevient qu'afin de les mieux étayer, en découvrant, une fois pour toutes, les secrets motifs de ses fins de non-recevoir.

Le lecteur commence par féliciter l'auteur de l'occasion que lui offre son sujet de décrire les grands personnages de la cour franco-italienne du château de Madrid. Sur quoi l'auteur se récuse : « Je voudrais bien, dit-il, avoir le talent d'écrire une Histoire de France, je n'écrirais pas de contes », et, aussitôt, il ajoute : « Mais, dites-moi, pourquoi voulez-vous que je vous fasse faire connaissance avec des gens qui ne doivent point jouer de rôle dans mon roman ? »

Blâme sévère du lecteur indigné : « Mais vous avez le plus grand tort de ne pas leur y faire jouer un rôle. Comment ! vous me transportez à l'année 1572, et vous prétendez esquiver les portraits de tant d'hommes remarquables », et, complaisamment, il lui propose de l'aider, de lui fournir l'entrée en matière :

—« Allons, il n'y a pas à hésiter. Commencez, « je vous donne la première phrase : la porte du salon s'ouvrit, et l'on vit paraître...

— « Mais, Monsieur le Lecteur, il n'y avait « pas de salon au château de Madrid ; les salons..

— « Eh bien ! La grande salle était remplie « d'une foule... etc... parmi laquelle on distin- « guait...

— « Que voulez-vous qu'on y distingue ?

— « Parbleu ! Primo, Charles IX...

— « Secundo ?

— « Halte-là. Décrivez d'abord son costume, « puis vous me ferez son portrait physique, en- « fin son portrait moral. C'est aujourd'hui la « grande route pour tout faiseur de roman.

— « Son costume ? Il était habillé en chas- « seur, avec un grand cor de chasse passé autour « du cou.

— « Vous êtes bref.

— « Pour son portrait physique... attendez... « Ma foi, vous feriez bien d'aller voir son buste « au musée d'Angoulême. Il est dans la se- conde salle, N° 98. »

Je ne sais pas de réponse qui soit plus caractéristique, plus révélatrice du fond de la pensée de Mérimée. En réalité, de tout personnage qui l'intéresse le physique le passionne, — plus peut-être même qu'il ne passionne les écrivains qui, rivalisant avec les peintres, exécutent, souvent avec maîtrise, de tels portraits ; car ici la passion de Mérimée est une passion désintéressée, pure de toute arrière-pensée d'émulation : c'est la passion à base de curiosité du grand observateur, du naturaliste : l'œil qui regarde, non la main qui s'acharne à rendre. Connaître le physique des personnages historiques, c'est, chez Mérimée, à la fois un plaisir et un besoin, comme une loi de son esprit.

« Ne trouvez-vous pas agréable de voir *in the mind's eye* les objets dont il est question dans l'histoire ? Lorsque je voulais écrire l'histoire de César, j'avais tant regardé et si souvent dessiné ses médailles et son buste de Naples, que je le voyais très distinctement à Pharsale et même à Alexandrie (1). »

Mais connaître et rendre sont deux opérations

(1) *Une Correspondance inédite*, p. 53, lettre de 1856.

tout à fait différentes, — que l'on a peut-être trop tendance à considérer comme les deux stades complémentaires d'une opération unique : entre les deux, la relation simple de cause à effet s'établit bien moins fréquemment qu'on ne pourrait le supposer. La connaissance d'un Mérimée, — de qui Victor Cousin, pour l'avoir une fois éprouvé à ses dépens, disait : « Il ne sait rien imparfaitement », — circonstanciée et scrupuleuse, où un retrait, un repentir, viennent aussitôt corriger, compenser toute avance un peu risquée, de toutes les formes de connaissance est peut-être la moins favorable à l'art de rendre, au sens plastique du terme, lequel trouve son meilleur point de départ, son tremplin le plus efficace, dans une vue limitée prise par un regard perçant.

Mais, objectera-t-on peut-être, ce refus de Mérimée à entreprendre le portrait physique d'un personnage ne tiendrait-il pas, tout simplement, à quelque impuissance de sa part ? On pourrait admettre la plausibilité de l'explication si certaines particularités, sur lesquelles nous aurons à revenir plus loin, ne venaient, justement dans la suite de notre chapitre, lui apporter un curieux démenti. Non, la vérité, c'est que Mérimée, qui aurait pu prendre comme devise d'écrivain le *Nihil fore aliter ac deceat* de ce Cicéron pour lequel il s'est montré si injuste, a le sens le plus susceptible, le plus chatouilleux, — un sens attique, — de ces distinctions entre les genres, de ces délimitations entre les arts, dans lesquelles triomphe le meilleur esprit gréco-latin, l'esprit d'un Aristote et celui d'un Quintilien. Il n'est que de lire les *Lettres à une Inconnue* ou une *Correspondance Inédite* pour rencontrer, toutes les fois où il s'agit d'un tableau, d'une statue, d'un objet d'art, quel qu'il soit, ces remarques qui ne trompent pas, qui décèlent aussitôt l'amateur véritable, — traductions toujours précises d'impressions exactes et authentiques. Mais, justement, cette distance qui, du peintre, sépare l'écrivain, Mérimée ne la franchira pas, parce qu'il la juge infranchissable, que, d'ailleurs, il estime qu'il est bien qu'il en soit ainsi, et parce qu'il ne convient en aucun cas d'entreprendre l'impossible. Une certaine confusion entre ce qui se peut et ce qui ne se peut pas dans une forme d'art donnée, rien peut-être n'inspire à l'esprit de Mérimée une plus invincible répugnance, comme une sorte de dégoût ; il y entre le sentiment d'un ridicule qui entraîne à ses yeux une pointe de déshonneur pour l'intellect, — mais surtout il voit dans cette confusion un manquement au code esthétique fondamental, et, par là, une manière d'improbité.

Il se trouve ici d'accord avec Taine, — pour des motifs d'un ordre tout différent.

Le deuxième volume de la correspondance de Taine renferme en effet toute une série de notes sur l'importance desquelles Paul Bourget a rappelé l'attention au moment de la publication d'*Etienne Mayran* : les notes personnelles de février et d'octobre 1862, un des plus beaux efforts d'auto-critique qui existent, et les notes sur Paris qui s'échelonnent entre 1861 et 1863, et dans lesquelles sont transcrits et commentés certains entretiens de Taine avec les écrivains et les artistes célèbres de son époque. Du récit de ses deux premières rencontres avec Flaubert en 1862, après la publication de *Salammbô*, je détache les phrases suivantes :

« Ma thèse avec lui est de lui dire (avec des ménagements) que son style s'écaillera, que la description sera inintelligible dans cent ans, qu'elle l'est déjà pour les trois quarts des esprits, que la narration et l'action comme dans *Gil Blas* et Fielding sont les seuls procédés durables.

» Il répond qu'aujourd'hui il n'y a pas moyen de faire autrement, que d'ailleurs il n'y a pas d'art sans pittoresque, que l'idée doit atteindre les dehors, se manifester par une forme corporelle et visible.

» Toujours est-il que c'est de la littérature dégénérée, tirée hors de son domaine, traînée de force dans celui de la science et des arts du dessin... »

« Ma thèse est toujours que son état d'esprit, la vision du détail physique, n'est point transmissible par l'écriture, mais seulement par la peinture. Sa réponse est que c'est là son état d'esprit, et l'état d'esprit moderne... »

« Tout ce qui n'est pas une forme physique, minutieusement vue par une vue de visionnaire, est pour lui non achevé, vague.

» Il écrit d'une manière extraordinaire, avec un premier jet incomplet, maladif, mettant des carrés, des losanges, un mot en vedette, un bout de phrase, attendant que le chant vienne, reposant, revenant avec un labeur énorme et insensé... »

Il ne saurait être question d'aborder un seul des nombreux et passionnants problèmes que ces textes soulèvent ; il ne s'agit ici de Flaubert et de Taine que par rapport à Mérimée : en regard de ces notes de Taine dans lesquelles la pensée est si honnêtement pesée, je ne mettrai pas les passages des *Lettres à une Inconnue* qui ont trait à *Salammbô* : l'irritation qui s'y fait jour et qui n'est rendue que plus vive par la nécessité où se trouve Mérimée de reconnaître que l'auteur « a du talent », engendre une injustice qui n'est plus guère que de la légèreté.

Mais puisqu'en réalité c'est une conception générale qui est en jeu, dans laquelle le cas de Flaubert n'intervient, pour Taine comme pour Mérimée, qu'à titre de réactif, relisons plutôt dans la notice de Mérimée publiée en 1855 en tête des œuvres complètes de Stendhal cette page si symptomatique :

« Comme tous les critiques, Beyle luttait contre une difficulté probablement insoluble.

Notre langue, ni aucune autre que je sache, ne peut décrire avec exactitude les qualités d'une œuvre d'art. Elle est assez riche pour distinguer les couleurs ; mais, entre les nuances qui ont un nom, combien y en a-t-il, appréciables aux yeux, qu'il est absolument impossible de déterminer par des mots ! La pauvreté des langues devient encore bien plus sensible lorsqu'il s'agit de formes, non plus de couleurs. Un œil médiocrement exercé reconnaît facilement un contour vicieux. Quiconque examine la statuette de la Vénus de Milo réduite par le procédé Collas, reconnaît aussitôt que le nez n'est pas antique. Pourtant la différence entre ce nez rapporté et le nez du statuaire grec ne peut consister qu'en une fraction de millimètre : or quels mots peuvent caractériser cette forme dont la beauté dépend d'une fraction de millimètre en plus ou en moins ? Ce qui se sent avec tant de facilité, on ne peut l'exprimer avec du noir sur du blanc, comme disait Beyle (1). ».

Nous touchons ici le fond de la pensée de Mérimée. Si déjà, il considérait qu'il était im-

(1) Mérimée, *Portraits historiques et littéraires*, p. 184-185.

possible de faire avec des mots la copie d'un portrait peint, d'opérer la translation dans le domaine verbal d'un système de formes et de couleurs que l'on a pourtant sous les yeux, combien devait lui paraître à la fois plus folle et plus vaine l'entreprise de l'écrivain qui, partant d'une simple image mentale, prétend néanmoins, avec le seul soutien de ces mêmes mots, édifier une œuvre qui rivalise de plasticité et comme de matière avec celle du peintre.

La protestation de toute la nature de Mérimée là-contre est encore plus foncière que celle de Taine. La protestation de Taine se rattache à ces préoccupations d'hygiéniste mental dans lesquelles Paul Bourget voit avec raison une des pièces maîtresses de son esprit. Taine vérifie sur un Flaubert ce qu'il avait déjà signalé à la fin de son étude sur Lord Byron comme une fatalité propre à l'artiste moderne, à savoir qu'un tel mode de création détruit infailliblement l'écrivain qui s'y livre ; et il se détourne alors d'un péril dont, à un moment, il s'était senti lui-même menacé, mais il se détourne tout en admirant, et s'il se persuadait que les conditions de travail fussent susceptibles de modification, sans doute ne se détournerait-il pas. Voici d'ailleurs, à cet égard, le texte capital. Il vient de dire que son idée fondamentale a été « de peindre l'homme à la façon des artistes et en même temps de le construire à la façon des raisonneurs », et il ajoute : « L'idée est vraie ; de plus, quand on peut la mettre à exécution, elle produit des effets puissants, je lui dois mon succès ; mais elle démonte le cerveau, et il ne faut pas se détruire ».

Mérimée, lui, se détourne, mais sans admiration. C'est qu'en plus des mille différences palpables qui les séparent, ces deux hommes, dans la région même des dons, par les obscures racines de leurs facultés, étaient aussi loin que possible l'un de l'autre. Chez Taine, la faculté artistique était beaucoup moins spontanée qu'inlassablement conquise, héroïquement obtenue, et ainsi qu'il advient parfois, il contemplait, non sans nostalgie, dans ces possibilités qui s'ouvrent devant la richesse et la générosité de dons de l'artiste plastique, des mondes relativement interdits. Chez Mérimée le don de l'artiste littéraire, — de l'artiste littéraire pur, — était au contraire inné, mais comme nonchalant. Il en usait de moins en moins, et, avec les années, il en était venu à ne plus priser véritablement que l'histoire. Or, il ne perdait jamais de vue les saccages splendides, mais gigantesques, auxquels l'écrivain de type plastique se livre sans cesse dans ce domaine de l'histoire que Mérimée eût voulu transformer en une chasse gardée. De là sa répugnance, ses dégoûts, ses injustices même ; de là aussi, qu'élevant pour une fois la voix, car il estimait que le sujet en valait la peine, il s'écrie dans une de ses lettres : « L'Histoire est à mes yeux une chose sacrée. »

Le plus curieux, — et ceci nous ramène à la suite de notre dialogue, — c'est qu'après s'être récusé auprès de son lecteur, et l'avoir poliment, mais fermement, renvoyé au buste de Charles IX du Musée d'Angoulême, Mérimée, sur son insistance, et dans l'espoir de se débarrasser de lui, finit par s'exécuter, et, en quelques lignes, il nous trace, de Charles IX et de Catherine de Médicis, des portraits qui, faits en des termes tout moraux qui n'ont même pas l'air d'avoir été choisis avec un soin particulier, restituent néanmoins sous nos yeux, et de la manière la plus frappante, le physique des personnages. Récompense accordée au regard objectif, à l'œil pur qu'il n'a cessé de diriger sur toutes choses.

Mais qu'il vienne à s'agir, non plus d'un personnage historique, mais d'une créature de son imagination, l'esprit de Mérimée se trouve alors en face de difficultés d'un autre ordre, et qui lui interdisent bien plus sévèrement encore le portrait physique de ses propres personnages. Nous avons noté plus haut une analogie à cet égard entre l'attitude de Stendhal et la sienne, mais on découvre à la réflexion que les pourquoi de cette attitude sont, au fond, très différents. Stendhal, toujours requis ailleurs, passe, pour voler à des tâches qui l'intéressent bien davantage. — Chez Mérimée, tout à la fois plus disponible et plus concerté, il y a plutôt comme un nouveau scrupule ; historien avant tout, — d'un goût qui, d'autre part, lui interdisait jusqu'à la seule conception du roman à clé, — il se trouve pris entre deux solutions également impossibles. Il n'a pas cette verve qui fait jaillir les personnages avec toutes leurs particularités physiques et animales, — il faudrait donc les construire, dans une certaine mesure les fabriquer, et quelle opération plus artificielle, plus factice, plus contraire au canon de l'art littéraire tel que Mérimée le conçoit, qu'une opération de ce genre ! Non, — semble-t-il toujours dire, — de ses personnages un écrivain ne doit décidément au lecteur que le portrait moral et si, à travers ce portrait moral, il se trouve qu'il lui livre quelque chose de plus, tant mieux pour l'écrivain, à condition qu'il ne l'ait pas cherché. Le lecteur avec cela n'est-il pas encore satisfait ? S'il proteste, comme à la fin du dialogue : « Oh ! je m'aperçois que je ne trouverai pas dans votre roman ce que je cherchais », Mérimée se bornera toujours à répondre : « Je le crains. »

*
* *

Dans la trame du récit de Mérimée, la réflexion d'ordre général s'introduit avec l'aisance d'un objet matériel que l'habitude et une longue usure font glisser sans heurt à la place qui lui est assignée. Ce n'est pas, ainsi que dans *la Princesse de Clèves*, cette grandeur, cette noblesse de l'entrée de la réflexion dans le récit, — de nature subtilement musicale, — et qui participe de la surprise, délicatement préparée, qui nous saisit à l'entrée de chaque instrument dans une belle pièce de musique de chambre. Ici encore le plaisir que donne Mérimée reste plutôt un plaisir de dextérité manuelle. La réflexion est toujours si bien prise dans le récit, elle s'ajoute à l'observation qui la provoque avec tant de naturel, et comme avec une grâce non exempte de désinvolture, qu'elle ne détonne jamais : l'auteur, sans élever la voix, dépose tranquillement ses conclusions.

* * *

Quand j'appelle la *Double Méprise* le plus complexe des chefs-d'œuvre de Mérimée, ce n'est pas une complexité de matière que j'ai en vue : je vise plutôt l'art avec lequel Mérimée a su, en cours de route, annexer à la nouvelle certaines beautés propres au roman et à la comédie. On éprouve tout de suite la sensation que les propos occupent un espace assez large, qu'ils ont bien leur place. En des dimensions forcément restreintes, Mérimée est parvenu ici à communiquer si peu que ce soit de l'impression que laissent les conversations les plus amples et les plus naturelles que je connaisse, je veux dire les conversations dans les romans de George Eliot. Ailleurs, quand les propos se resserrent et se croisent dans le cliquetis léger d'un dialogue véritable, l'effet de la plus fine comédie est, sans effort, obtenu ; ce n'est pas qu'au théâtre que le dialogue de Mérimée tient la scène ; il la tient presque toujours, même dans le livre, et spécialement dans la *Double Méprise.* La justesse, telle est peut-être la qualité maîtresse de son esprit, — non pas tant la justesse du jugement, quand ce dernier s'exerce en dehors des moments de travail créateur, et sur un sujet autre que celui que l'auteur est en train de traiter : à cet égard, Mérimée offrirait souvent prise, car la faculté de jugement n'entrait en jeu, chez lui, que si son goût était atteint, et ce goût, — vif, à la vérité, sur certains points, — n'était rien moins qu'étendu. Particularité qui n'avait pas échappé à Sainte-Beuve, par tempérament d'une disposition opposée, et qu'il n'a pas cessé de cultiver jusqu'à la fin. Il note dans ses cahiers : « Cette justesse d'observation, Mérimée ne la porte que dans les faits précis, positifs, presque matériels : il ne l'a pas dans ses jugements littéraires ni moraux (1) » Dans ses œuvres, en revanche, Mérimée la porte au plus haut point ; son goût personnel se trouvant alors engagé, toutes ses facultés entrent de concert en travail, et fonctionnent avec un maximum de netteté et de précision ; aussi, cette justesse d'observation se traduit-elle par la plus surprenante justesse dans le rendu. La voix, un mezzo qui se tient toujours dans ses limites, qui compte davantage sur la pureté de sa diction que sur le volume de l'émission sonore, est bien posée. Entre l'observation et l'expression, l'équilibre est proprement parfait. Ce ne sont pas ces glacis savants qui maintiennent inaltérable l'éclat d'une phrase de La Bruyère ; ce n'est pas davantage l'opulence étoffée du meilleur Molière, celui des grandes scènes des *Femmes savantes*, par exemple, où, venant couronner l'observation, — la verve faisant saillie comme dans la richesse d'ornements d'un chapiteau corinthien, — l'expression semble toujours tirer gracieusement la révérence

(1) *Les Cahiers de Sainte-Beuve*, p. 37.

à l'auditoire... On relit quelques pages de la *Double Méprise*, on pose le livre : il semble que l'on vienne d'assister à l'exécution d'un quadrille bien mené.

*
* *

« Le fondement de la croyance une fois écroulé, il en survit néanmoins chez presque tous parmi nous quelques reliques : questions qui s'élèvent, échos, retours de la pensée sur elle-même, toutes choses qui contribuent à constituer une atmosphère mentale, nébuleuse peut-être, mais qui, dans ses zones d'ombre et de lumière alternées, recèle plus d'un des secrets qui consolent. Grâce à cette atmosphère mentale, les quelques objets plus nettement définis du paysage personnel se trouvent reliés l'un à l'autre en une perspective dans laquelle se complaît la vision intérieure et ils se détachent contre un horizon de possibilités toujours plus lointaines, mais dont le graduel, l'insensible recul semble inviter à l'espoir. Il n'en va pas de même avec Mérimée. Rien, selon lui, n'échappe à la prise de la critique, et il n'existe pas de pénombre spirituelle, les dernières traces de l'hypothèse, de la supposition, se sont évaporées. Sylla, le faux Démétrius, Carmen, Colomba, jusqu'à ce Moi passionné qui tressaille à l'intérieur du Moi lui-même : aucun d'entre eux n'a d'atmosphère. D'un contour douloureusement accusé, s'imposant à la vue sans rien qui leur fasse contrepoids, ils se dressent devant nous, pareils à des chaînes de montagnes isolées sous l'impitoyable clarté d'un jour sans enveloppe. Ce que Mérimée obtient autour de ses figures si singulièrement sculpturales n'est ni plus ni moins qu'un espace vide.

WALTER PATER, *Miscellaneous Studies.*

L'observation porte : elle va même fort loin, et je ne sais pas d'écrivain du sentiment duquel je diffère moins volontiers que de celui de Walter Pater. Cependant, ici encore, n'y aurait-il pas place pour certaines distinctions ? Concédons d'abord qu'il n'y a pas, chez Mérimée, d'atmosphère, au sens tout physique du terme. Concédons même qu'il n'y a pas davantage en son œuvre l'atmosphère mentale à laquelle il vient d'être fait allusion : ce clair-obscur spirituel dans lequel baigne chaque page d'un Maurice de Guérin, par exemple, ou de Pater lui-même. Pourtant il n'en existe pas moins chez Mérimée une espèce d'atmosphère, mais, pour la dépister, il ne faut pas perdre de vue la tendance qu'ont parfois les mots français à revêtir promptement une acception toute morale, à devenir les signes de cette algèbre, de cette analyse idéologique, dont Paul Bourget signalait l'autre jour encore l'attrait tout-puissant sur la jeunesse de Beyle. Appliqué à l'œuvre de Mérimée, — et il est des cas où il y a lieu de le faire, — le mot d'atmosphère doit être pris dans cette acception toute morale.

Elle n'est pas dans les choses, comme en *la Canne de Jaspe* d'Henri de Régnier où « l'amère odeur du buis parfume le silence », jardin clos où l'on surprend au détour de chaque allée la figure pleine de grâce de cette première jeunesse à laquelle s'allie tant de dignité ; elle n'est pas davantage entre les choses ainsi que dans un des plus beaux contes de la littérature française, le *Rideau Cramoisi*, qui d'un bout à l'autre produit sur le lecteur un effet analogue à celui que dégage l'héroïne de Barbey « l'effet d'un épais et dur couvercle de marbre qui brûlait, chauffé par en dessous ». Peut-être la trouverait-on, au sens usuel du terme, dans cette *Vénus d'Ille*, dont Mérimée vieillissant écrivait à celle de ses correspondantes à laquelle il interdisait la lecture de *la Double Méprise* : « Avez-vous lu une histoire de revenants que j'ai faite et qui s'appelle la *Vénus d'Ille* ? C'est, suivant moi, mon chef-d'œuvre ». — Mais on pourrait objecter qu'ici grâce à l'intervention d'un élément surnaturel l'atmosphère est en partie donnée. — Je songe aussi à *Lokis*, mais, dans *Lokis*, c'est plutôt la singularité qui domine. Non, la véritable atmosphère de Mérimée, celle qui lui est propre, elle est dans les épisodes que grave ce raccourci plastique dont nous parlions plus haut, — elle est aussi dans certaines scènes, comme la dernière entrevue de Saint-Clair et de Mme de Coursy, où elle s'incorpore à tout, aux gestes, aux paroles, aux rares réflexions de l'auteur : teignant jusqu'aux pensées et aux sentiments, partout elle instille quelques gouttes de je ne sais quelle secrète belladone : tout alors, dans le récit de Mérimée, prend l'éclat agrandi, immobile et chargé de la prunelle qui se dilate : en cet art, où rien jamais n'est admis sous bénéfice d'inventaire, où les choses elles-mêmes n'ont pas accès par leur seule valeur intrinsèque, où chaque détail n'intervient que comme porteur sûr et agile de l'action en cours, l'atmosphère perd sa puissance de diffusion, mais elle possède en revanche le pouvoir absorbant le plus intense : elle est le fixatif qui concentre l'effet.

*
* *

A mesure que l'on étudie davantage *Carmen*, l'on finit par ne pas savoir si on est plus séduit par l'éclat de ses mérites qu'irrité par ses insuffisances préméditées. Ce qui frappe avant tout, et, de la part de Mérimée, déconcerte, c'est que l'unité de *tempo* fait défaut : il y a jusqu'à trois *tempi* différents, et qui, bien loin de passer l'un dans l'autre, se juxtaposent de la façon la plus tranchée : le récit du début où la parole est à l'auteur, le récit de Don José, et le dernier chapitre où Mérimée reparaît, non plus en qualité de conteur, mais comme amateur de philologie. L'œuvre y perd ce caractère d'heureux accomplissement dont s'ornent *la Double Méprise, le Vase Etrusque* et *la Vénus d'Ille* : elle n'a pas, au sens pictural du terme, de surface. Mais si l'on considère chacun des deux récits en soi, on aura l'impression de se trouver devant deux dessins d'un même maître dans lesquels les facultés déployées sont si divergentes qu'ils ne possèdent d'autre trait commun que l'identité de la maîtrise ; et comme l'on ne saurait douter qu'elles ne soient pleinement voulues, les disparates de *Carmen* — témoignant à certains égards de la plus robuste grandeur, tandis qu'elles décèlent à d'autres d'incontestables petitesses — fournissent sur le tour d'esprit de Mérimée un document des plus significatifs. Le récit par lequel *Carmen* débute n'est pas surpassé dans toute l'œuvre de Mérimée : il se déplie avec l'aisance et l'élégance qui lui sont coutumières, et la justesse qui préside au choix des détails y prend quelque chose d'encore plus insaisissable, de plus fugace. C'est un vestibule spacieux et aéré, mais dont les proportions annoncent à tout le moins un *palazzino*, un de ces petits édifices auxquels Taine fait allusion. Or, comment se présente le récit de Don José ? Ramassé sur lui-même, tout en traits saillants qui se succèdent avec rapidité, se chassent presque l'un l'autre, il se dresse au centre de l'ouvrage comme une sorte de menhir littéraire, — bloc de pierre isolé qui possède la qualité de la plus belle matière brute, — survivance de la passion primitive au même titre que ces vestiges monumentaux qui nous renseignent sur les rites ou sur l'industrie des premiers hommes. Mérimée l'a jugé par son seul aspect si imposant qu'il en a dédaigné — au sens étymologique du terme — l'exploitation. Il en résulte que si nous percevons aussitôt la portée de chacun de ces traits saillants, nous manquons toutefois, dans le récit, du cube d'air nécessaire, pour tout de suite en aspirer à fond les vivifiantes propriétés. C'est pourquoi d'ailleurs certains esprits qui ne tiennent qu'à l'essentiel, qu'ennuie, qu'agace presque la mise en œuvre, même légitime, même strictement artistique, d'un thème, témoignent pour *Carmen* d'une prédilection particulière, lui marquent une estime justifiée, et ils ont beau jeu à nous rappeler que si Mérimée n'a pas exploité sa donnée, d'autres ne s'en sont pas privés depuis : aux flancs de cette roche nue et escarpée que de végétations ne se sont-elles pas accrochées ! De fait, avec le récit de Don José, *Carmen* change de genre : elle passe de la nouvelle à l'anecdote. Anecdote : ce qui n'est pas donné au dehors, dit Littré, traduisant littéralement le mot grec ἀνέκδοτον, et il ajoute : δοτος, ayant le même radical que don, inédit, du latin *ineditus*, est l'exacte traduction d'anecdote. Rien ne saurait mieux correspondre à *Carmen* :

c'est une œuvre sans dehors, et en regard de laquelle les autres ont toujours l'air d'avoir subi les soins d'un éditeur un peu prolixe. En tant qu'anecdote, la position de *Carmen* me paraît inattaquable, et mes réserves ne visent que ce fait que le récit du début semblait annoncer une nouvelle.

A vrai dire, le déséquilibre de la composition devenait inévitable dès l'instant qu'après l'avoir prise lui-même, l'auteur passait la parole à Don José. Personne n'est plus attentif que Mérimée à ne jamais faire prononcer par un de ses personnages un seul mot dont ce dernier ne soit pas capable. Il ne restait donc ici d'autre ressource que le pouvoir expressif des faits eux-mêmes, et la trame serrée du récit de Don José est tout entière tissue de petits faits hautement significatifs et qui portent souvent la marque de ce don du raccourci plastique que nous signalions plus haut. Mais ces faits, Mérimée ne pouvait, pour aérer et éclairer tout à la fois le tableau, les relier, comme dans *la Vénus d'Ille*, par les quelques réflexions qui, sans détruire le mystère, mettent simplement l'esprit du lecteur en état de plus grande activité, et faute de ce lien, il n'y a pas dans le récit de Don José fusion et convergence des effets : nous asssistons à l'explosion d'une série de mines isolées.

Mais les élégantes proportions du vestibule, la grandeur abrupte du menhir, sont de telle nature qu'elles suffisent à assurer à *Carmen* son rang, et qu'il y aurait quelque étroitesse — de cette étroitesse dont Mérimée lui-même, au nom du goût, n'a pas craint parfois de faire montre — à trop appuyer sur ce point. La faute véritable de *Carmen* est ailleurs : elle est dans le dernier chapitre, et s'aggrave de ce qu'elle est, de toute évidence, volontaire. On ne peut même plus parler ici de disparates : le problème de l'emplacement du champ de bataille de Munda restait à l'échelle du premier récit auquel il ajoutait la saveur d'un rehaut, tandis que la petite dissertation philologique qui constitue l'épilogue de *Carmen* n'a plus rien à voir avec l'ouvrage auquel le récit de Don José met en réalité le point final. Naturellement cette dissertation n'a d'autre objet que de glisser à l'oreille du lecteur : je vous ai conté cette anecdote à titre de renseignement, mais vous entendez bien que je n'y attache pas autrement d'importance ; nous nous garderons de la prendre au tragique. Par contre, voici quelques observations philologiques, exactes ou du moins ayant chance d'être telles, puisqu'elles concernent non plus des êtres humains toujours sujets à caution, mais des objets qui présentent plus de garanties de sécurité ; je ne doute pas qu'elles ne soient susceptibles de solliciter l'esprit circonspect et averti que vous êtes.

« En voilà bien assez pour donner aux lecteurs de *Carmen*, une idée avantageuse de mes études sur le « rommani », dit l'auteur en terminant. L'ironie de Mérimée est ici à double fond : elle s'adresse d'abord, cela va sans dire, au lecteur qui dans un livre s'intéresse surtout à « l'histoire », qui se demande toujours comment cela finira. Mais ne nous y trompons pas, elle ne vise pas moins celui qui attacherait trop de poids à cette contribution à l'étude de la langue des gitanes. Mérimée exécute dans cet épilogue une variation sur un air connu : tout est vain, et partant il ne messied pas de tout mettre sur le même plan ; bien au contraire, en multipliant ainsi les disparates on ne rendra que mieux sensible l'équivalente non-valeur de toutes choses. Il y a là le germe de ce qui deviendra l'attitude d'un Rémy de Gourmont : pour une telle disposition d'esprit le monde prend assez vite la ressemblance d'un tapis usé qui partout laisse voir la trame. Or, les grands artistes ont absolument besoin que le monde préserve son épaisseur, et quand je relis la fin de *Carmen* je ne puis me retenir de songer à la parole pénétrante d'André Gide, à propos précisément de Gourmont : « Le scepticisme est peut-être parfois le commencement de la sagesse ; mais c'est souvent la fin de l'art (1). »

Mais si l'histoire était, aux yeux de Mérimée, « une chose sacrée », rien ne l'était moins que la donnée d'une œuvre d'imagination. En ce sens, il n'a pas respecté l'art même qu'il pratiquait si bien ; et il n'a pas davantage respecté ses propres dons qu'il a comme laissé tomber en désuétude. Ces dons étaient si beaux, si natifs que lorsqu'à la fin de sa vie, pour le divertissement de la cour impériale ou de quelqu'une de ses correspondantes, il lui a plu d'y avoir de nouveau recours, ils se sont, dans les *Dernières*

(1) André Gide, *Nouveaux Prétextes*, p. 118.

Nouvelles, en particulier dans *Lokis*, retrouvés intacts. La rançon, c'est le dernier chapitre de *Carmen* ; c'est de clore sur une pirouette de « pédantisme à la cavalière » un morceau digne d'une place d'honneur en ce Musée des passions humaines, ce « magasin des faits purs » que décrit Maurras dans *Anthinea* (1).

Au fond, Mérimée se propose sans cesse une gageure impossible à soutenir. Il veut tout ensemble être sérieux et ne l'être pas ; bien plus, il veut encore ne pas le paraître et puis le paraître tout de même ; tantôt il désire être pris au sérieux par les autres et se réserver derrière cette façade la licence de se divertir à leurs dépens ; tantôt, au contraire, il est tout près d'être sérieux lui-même, mais alors, craignant aussitôt que les autres ne le croient sa propre dupe, il adopte un ton de demi-persiflage qui entame à son tour l'intégrité de l'intention première. Or il faut s'y résigner : c'est là un problème insoluble. On peut — d'aucuns soutiendraient, et peut-être ont-ils raison, qu'on doit — successivement être sérieux et ne l'être pas,

(1) Charles Maurras, *Anthinea*, p. 159.

mais la coexistence des deux états nuit à l'un aussi bien qu'à l'autre : les œuvres qui en résultent se disqualifient dans une certaine mesure elles-mêmes, — un peu à la manière de ceux qui, pour une opération unique, prétendent toucher des deux côtés à la fois. Dans la dernière période de sa vie un esprit d'un rang bien supérieur à Mérimée, — celui-là même qui disait : « Mérimée eût été un homme de premier ordre s'il n'eût pas eu d'amis. Ses amis se l'approprièrent. Comment peut-on écrire des lettres quand on a la facilité de parler à tous (1) ? » — a connu ce péril ; mais sans évoquer le jeune Renan, celui des *Cahiers* et des *Nouveaux Cahiers de Jeunesse*, chez qui la qualité du sérieux est peut-être la plus belle et la plus pure de tout le XIXe siècle français — ce péril, il ne l'a, somme toute, connu que son œuvre essentielle une fois accomplie, et si çà et là, dans une phrase de Renan, un sourire moins agréable imprime à la physionomie une légère gerçure, cela n'a eu d'autre conséquence que de fausser pour un temps l'image qui s'est déposée de lui dans l'es-

(1) ERNEST RENAN, *Souvenirs d'Enfance et de Jeunesse*, p. 366.

prit public : derrière les rides de la surface, le fond est demeuré, et demeure, inattaqué. Chez Mérimée, en revanche, qui à toutes les époques de sa vie est resté sensiblement pareil, de qui Sainte-Beuve dit « que dès l'âge de cinq ans, s'il avait su le grec à cet âge, il aurait pu prendre la devise qu'il porte gravée sur son cachet : Μεμνασ'-ἀπιστεῖν. Souviens-toi de te méfier », — cette veine semi sérieuse, semi-ironique, serpente et s'insinue un peu partout à travers son œuvre. C'est qu'en dépit des jeux, d'une si dédaigneuse bonhomie, auxquels s'amusait sa vieillesse, Renan n'a jamais vraiment tenu à l'opinion ; Mérimée, au contraire, qui non seulement avait fait le tour, mais était allé au fond de tant de choses, n'en ressemblait pas moins à son Saint-Clair « Il tenait à l'opinion comme y tiennent les enfants. »

***

« Ce jour même de notre retour, je choisis pour elle un palacio dans la Calle Lucena, devant la paroisse San Isidorio. C'est un quartier silencieux, presque désert en été, mais frais et plein d'ombre.

Je la voyais heureuse dans cette rue mauve et jaune, non loin de la Calle del Candilejo, où votre Carmen reçut don José. »

PIERRE LOUYS, *La Femme et le Pantin.*

Non loin, si l'on songe au sujet ; mais pour tout le reste aux antipodes. A considérer deux œuvres, si proches par la matière et si divergentes par les formes qu'elle assume, l'esprit éprouve une sorte de fascination. Esthétiquement, de la vieille maison de la rue del Candilejo au *palacio* de Concepcion Perez, la distance n'est pas moindre que de l'émouvante et austère dignité d'un xoanon à la pureté noblement délicate d'une figure de vase grec. Le précurseur gagne la course par la manière dont il prend le départ, — de façon si magistrale que le doute sur l'issue n'est plus permis ; aussi néglige-t-il parfois d'accomplir la totalité du parcours. L'artiste qui vient après lui montre au contraire sa qualité par l'aisance et la grâce avec lesquelles il accomplit tout le parcours. Entre la rencontre au carnaval de Séville et le dernier chapitre — « qui est l'épilogue et aussi la moralité de cette histoire » — dans lequel le sentiment de la fatalité nous arrive encore tout enveloppé de ses voiles et de ses parfums, — le récit de don Mateo s'allonge ainsi qu'entre deux pentes doucement inclinées. L'unité de *tempo* est exactement observée, mais la courbe en apparence si flexible que décrit l'ouvrage, l'appel si persuasif qu'il adresse ne permettent d'abord que de suivre et de s'abandonner ; après coup seulement l'on s'avise qu'une médaille vient d'être frappée. *La Femme et le Pantin* est un livre qui a un contour — un contour net comme la langue même qu'écrit Pierre Louys. Dans tous les genres les livres qui ont un contour sont rares, mais particulièrement peut-être parmi les chefs-d'œuvre qu'inspira l'amour sensuel, et qui plus que par la fermeté des lignes valent d'ordinaire par ce « brisement du cœur sans lequel il n'y a pas de volupté profonde (1) ». *La Femme et le Pantin* prend place dans une compagnie réduite, mais singulièrement distinguée, celle des classiques du *durus amor*.

(1) « Il n'y a pas de volupté profonde sans brisement du cœur ». Maurice Barrès, *Amori et Dolori Sacrum*. Préface.

*
* *

« Il faut être un peu bête pour ne faire qu'une chose, et dans les arts on n'y excelle qu'en s'y consacrant d'une manière absolue »

Petite phrase qui, lancée au cours d'une lettre familière, trace une des limites de l'esprit de Mérimée, — en même temps que d'une chiquenaude elle déclenche un problème qui déborde infiniment la solution qu'elle prétend en donner.

« Il faut être un peu bête pour ne faire qu'une chose ». Tout dépend ici du coefficient qu'attache la pensée au mot : faire. On voit fort bien quel est celui qu'y attache Mérimée, et ceci posé, si on lui concède son point de départ, il a raison. Mérimée est le type accompli de l'amateur parce qu'il est celui qui reste toujours en deça, — prêt à tout, sauf justement à ce don total de soi qu'implique, pour un artiste, l'acte de faire une chose complètement, de la faire en créateur. Barbey d'Aurevilly laisse échapper quelque part une plainte qui vient de loin : « On ne sait pas dit-il, ce qu'il entre de facultés dans une phrase bien faite, » et il a soin d'écrire « facultés » au pluriel. C'est que celui qui ne fait qu'une chose, mais qui la fait vraiment, se trouve faire en même temps, à leur plan, toutes les autres à l'intérieur de celle-là, — et c'est en cela que réside pour lui la seule véritable récompense, — si modeste, si faillible même, que puisse apparaître parfois le résultat auquel l'effort créateur aboutit. Cette consolation, qui participe de la puissance d'une volupté, Mérimée semble ne l'avoir jamais connue, parce qu'il n'a jamais pris les devants, ne s'est jamais porté à sa rencontre. Il a usé de ses dons, sans permettre à ceux-ci de l'user à leur tour, lui ; plutôt, il a fui cette noblesse de l'usure, il s'est écarté de cette flamme dévorante, qui brûle, qui consume l'artiste fidèle, jusqu'à la fin. A la longue, les exercices, fussent-ils de haute école, finissent toujours par lasser celui qui les exécute trop bien : quoi de surprenant à ce qu'un Mérimée ait tôt connu cette lassitude !

*
* *

« Mérimée me dit une chose fort juste e « fort délicate : Dans le peu que je fais, je rou- « girais de ne pas m'adresser à ceux qui valent « mieux que moi, de ne pas chercher à les « satisfaire (1). » Sachons gré à Sainte-Beuve d'avoir, dans une de ces notes pour lesquelles il est si souvent, et si pesamment incriminé, sauvé pour nous cette belle parole de Mérimée. Elle éclaire de la lumière la plus vraie l'exquise politesse, l'urbanité de son ton d'écri- A lui seul, le sens de la tenue de ce que l'on se doit à soi-même, toujours si marqué chez Mérimée, aurait à la rigueur suffi à l'expliquer ; pourtant on devinait quelque chose de plus ; non parce que le ton était maintenu, mais, au contraire, parce qu'il ne semblait jamais avoir besoin de l'être : une bonne grâce naturelle, nul vestige de la qualité qui s'acquiert.

Sans doute pour qui aime et respecte l'acte

(1) *Causeries du lundi*, XI ; *Notes et Pensées*, CXLVI.

d'écrire, l'attitude idéale demeurera toujours celle d'un Beyle, — à la fois voluptueuse et solitaire, — avec, comme unique et lointain horizon, cette idée d'une postérité dans laquelle l'imagination projette tout ce que le passé et le présent lui ont apporté de plus riche et de plus précieux, — tous les trésors pour lesquels, à son heure, elle fut elle-même une postérité attentive, pleine d'enthousiasme et de reconnaissance. Mais dans le cadre une fois admis d'une société existante, l'attitude que traduit la parole de Mérimée reste, pour un écrivain, la seule attitude parfaitement civilisée.

Elle porte d'ailleurs en elle-même sa récompense, car un des attraits, un des charmes les plus vifs de Mérimée, dès qu'on entre un peu dans son intimité, c'est qu'il vous force sans cesse à penser, non à ses égaux, mais à ceux qui le dépassent.

***

Personne peut-être n'a éprouvé une volupté plus secrète à décevoir que Mérimée. Trop honnête homme et trop correct pour jamais sortir des limites, il n'en a pas moins pratiqué toutes les formes vénielles de la déception. Il n'aime rien tant que de dérouter, de déjouer l'attente. Non qu'il soit de ceux que paralyse le seul fait qu'ils sachent que quelque chose est attendu d'eux : pas davantage n'est-ce la hauteur de qui n'admet pas que l'on attende quelque chose de lui ; c'est plutôt, chez Mérimée, le jeu du chat avec la souris : tu m'attendais ici, eh bien ! tu me trouveras là. A ce jeu, il semble qu'il goûte mille menus plaisirs de malice, comme s'il nous repassait indéfiniment la monnaie de quelque très ancien grief qu'il mourrait plutôt que d'avouer.

***

Qu'y a-t-il donc dans *Colomba* pour que chaque nouvelle lecture nous laisse un peu moins convaincus, légèrement enclins à sourire ? Il vaut la peine de le rechercher, car l'on se trouve aborder du même coup un problème de portée assez générale et qui demeure mal éclairci. « Créer un poncif, voilà le génie », dit

Baudelaire, et rien n'est plus vrai, — à condition, toutefois, que cette qualité de poncif ne soit pas inhérente à l'œuvre elle-même au moment de sa production, qu'elle ne s'y attache que postérieurement, dans la mesure où celle-ci sert de modèle et suscite de multiples imitations. Or il existe toute une catégorie d'ouvrages dans lesquels se trahit la présence de ce que l'on pourrait appeler le poncif de l'originalité : ce sont ceux où soit le sujet, soit le décor, soit les deux réunis, ont été délibérément choisis pour la valeur d'originalité qu'on leur attribue, — l'originalité étant envisagée en pareil cas, comme une propriété qui serait fournie du dehors par les choses elles-mêmes et qui est donnée une fois pour toutes. Outre qu'une telle conception est le contraire même de l'originalité véritable — faculté intérieure avant tout, sans cesse remise en question, qui le plus souvent ne se dégage que peu à peu, au prix d'une lutte héroïque avec la résistance de la matière — elle entraîne dans l'exécution des conséquences qui se font immédiatement sentir. Ce principe admis en effet, chacun des traits ou des détails destinés à illustrer le sujet représente un choix analogue. Or un trait original par définition, qu'est-ce autre chose qu'une forme plus piquante de la convention, — le dévergondage plein de sagesse auquel elle se livre, lorsqu'elle veut, sans courir le moindre risque, pratiquer quelque débauche ? Il s'établit ici comme une inconsciente connivence entre l'auteur et le lecteur : de tels traits sont au fond toujours attendus, mais liés à certains sujets ils restent d'application peu fréquente, et ils offrent cet exact mélange d'insolite et d'accoutumé qui apporte au lecteur le maximum de satisfaction : grâce à eux il éprouve le choc d'une petite surprise préparée ; sans rien qui le déconcerte, le voilà agréablement stimulé, et aussitôt il réagit, il répond par un : « Comme c'est bien cela ! », qui exprime, non ce consentement involontaire qu'arrache une vue psychologique perçante, mais un acquiescement confortable et pour ainsi dire de plain-pied. Avouons qu'il nous en est parfois arrivé de même pour *Colomba*. Nous aimons à nous représenter la part de convention qui subsiste en nous comme ces troncs d'arbres morts qui de-ci de-là jalonnent les bois, et que toute sève a de longtemps désertés; en réalité, la convention est la plante la plus vivace, à chaque instant elle menace de tout envahir : nul jour où nous n'ayions à cet égard quelques mauvaises herbes à extirper. Si la lecture de *Colomba* coïncide avec une période où se détende la surveillance que nous exerçons sur nous-mêmes, notre moi conventionnel bondit positivement à la rencontre de chacun des traits du récit. Mais dès que la réflexion intervient et les soumet à son contrôle, elle leur est singulièrement moins favorable. Je ne veux pas dire par là que les traits de *Colomba* ne soient pas vrais. Ils sont tous vrais, au contraire ; mais d'abord, ils le sont à trop bon compte, — d'une vérité trop facile, trop immédiate, dont ailleurs Mérimée a su ne pas se contenter. Puis, — et c'est l'inconvénient presque inévitable du trait de mœurs locales ou de race, — ils sont vrais d'une vérité pour ainsi dire abstraite, antérieurement à l'existence des personnages qui ont charge de les manifester. Il en résulte que les personnages de *Colomba* ont beau être aussi parfaitement articulés que possible, ils ne sont pas incarnés. Ils ont certes un caractère, mais il leur manque l'apanage essentiel de tout caractère vivant, je veux dire la faculté d'en sortir. Dans une lettre récemment publiée que Henry James écrivit à Paul Bourget à la suite de la lecture de la *Duchesse Bleue*, James exprime le regret qu'après un épisode constituant une crise importante, l'auteur ait cru devoir montrer Jacques Molan agissant aussitôt conformément au caractère qui lui a été donné. Les personnages de *Colomba* agissent tous et toujours ainsi, et l'un des nombreux bienfaits que l'on doit aux incomparables romanciers russes, c'est d'avoir levé l'interdiction que faisait peser sur les caractères de roman un déterminisme trop rigide.

La seconde raison qui explique notre scepticisme avoisine tellement la première qu'elle semble d'abord se confondre avec elle. En réalité elle lui est complémentaire, et elle se rapporte au problème le plus fuyant, le plus mystérieux que soulève l'art du roman. Dans les personnages de *Colomba* tous les traits qui contribuent à établir ce que la logique entend par un caractère se trouvent sans exception réunis. Or chaque fois qu'un romancier procède de la sorte, et que par là se découvre trop visiblement sa volonté que ces personnages soient ainsi et non autrement, il nous devient à la lettre impossible de croire à leur existence. Devant eux nous nous dérobons, tels des chevaux capricieux ; nous refusons l'obstacle, et nous le refusons précisément parce que l'auteur prétend l'aplanir au point de le supprimer : dès l'instant qu'il fait le jeu, nous cessons de le suivre. Tantôt, — et c'est la forme supérieure de ce genre d'erreur, — les traits sont donnés dans l'action elle-même, comme dans *Colomba*, — tantôt l'auteur — les introduisant tous ensemble, ou du moins les répartissant en petits paquets qui s'échelonnent au cours de l'ouvrage — groupe ces traits en un ou plusieurs paragraphes, ordonnés un peu à la manière des *Caractères* de La Bruyère. Mais tandis que chez La Bruyère semblable méthode est de l'essence même de l'objet qu'il se propose, elle exerce sur le roman une action si mortelle qu'elle lui retire tout air de réalité, et le charme se rompt aussitôt. Dans un personnage vivant il est déjà fort rare que se trouvent réunis tous les traits qui, au sens logique du terme, constituent un caractère ; presque toujours quelques-uns font défaut que remplacent d'autres, de nature tout à fait divergente et parfois opposée ; mais alors même que le cas se produit, — la vie n'étant à aucun degré plane, propriété à laquelle, quelles que soient les ressources de modelé de l'auteur, le roman ne peut complètement se soustraire, — ces traits restent dans la vie inégalement visibles, inégalement tirés à la lumière. Or, c'est ici que les personnages de *Colomba* contreviennent à la vérité. Considérons le cas de Miss Nevil : pris isolément, chacun des traits dont se compose son caractère est applicable à l'anglaise médiocre qui aspire à paraître cultivée, mais leur réunion, et la manière dont l'action, les mettant tous dans un même jour, les fait défiler devant nous, jette le personnage en pleine convention. Jamais anglaise authentique ne fut anglaise de façon si patente et si délibérée ; jamais surtout, même chez le pur automate, la race n'oblitère à ce point toute trace de particularités individuelles, et pour ne s'en être pas souvenu, Mérimée tombe ici dans le défaut qui lui était par ailleurs le plus odieux, dans la sentimentalité. La race seule peut, à la rigueur, soutenir un personnage de roman tant que nous ne le voyons que du dehors, dans ses manifestations extérieures, tel un objet inanimé soumis à l'observation plus ou moins pittoresque de l'auteur ; mais dès qu'un sentiment lui est imputé, l'auteur ayant négligé de le pourvoir des organes et des attributs qui lui permettraient d'en secréter qui lui fussent propres, force est bien alors d'avoir recours à cette contradiction dans les termes : un sentiment impersonnel, et de l'aller quérir dans l'immense hangar poudreux où se conservent celles des conventions dont la vie est la plus tenace, je veux dire les conventions du sentiment. Il en résulte, non seulement dans les sentiments eux-mêmes, mais dans les scènes auxquelles ils prêtent une irréalité puérile que ne compense nul romanesque, parce qu'elle naît au contraire de la reconstitution artificielle et appliquée d'une réalité que l'auteur s'est donnée antérieurement, et, dans une certaine mesure, indépendamment des personnages.

A des degrés plus ou moins marqués, tous les autres caractères de *Colomba* fourniraient prétexte à des observations analogues. Je ne parle pas, bien entendu, du colonel, mais Colomba elle-même ? Si nous succombons parfois à sa grâce farouche, à cet air d'oiseau sauvage qui à certaines minutes s'apprivoise et se blottit, pour repartir ensuite de plus belle, — il n'en est pas moins vrai que l'éclat de sa physionomie, plutôt que les fraîches couleurs de la vie, évoque l'animation un peu factice qu'arrête au passage et que fixe, — d'aucuns diraient que fige,— l'art preste et brillant de ces portraitistes qui sont immédiatement au dessous des maîtres véritables. Et si le personnage d'Orso, en un sens le plus pâle de tous, auquel manque jusqu'à cet éclat stéréotypé, nous paraît pourtant frémir parfois d'un léger tressaillement vital, n'est-ce pas dû uniquement au fait que lui, du moins, nous est présenté comme partagé entre deux tendances contraires ? L'incertitude est à tel point le caractère spécifique de la vie qu'il suffit presque que nous la retrouvions dans un personnage de roman pour que celui-ci puisse entraîner, ne fût-ce qu'un moment, notre adhésion.

Au fond, la petite tare de *Colomba*, c'est que l'ouvrage participe en quelque mesure des défauts inhérents à tout « tableau de genre ». Ce qui constitue et définit le « tableau de genre » — qu'il soit pictural ou littéraire — c'est beaucoup moins le choix de tel ou tel sujet, qu'une certaine manière de le traiter. Chez la plupart des gens subsiste à travers tout, et sous les déguisements les plus variés, la vague nostalgie d'un Meissonier : quelque chose en eux sourdement le réclame, et on s'en aperçoit au véritable soulagement que leur apporte sa venue. Or, chaque époque possède ses Meissonier, plus ou moins difficiles seulement à dépister. Le cas du Maître lui-même est le plus aisé à régler, car établissant à l'aide de procédés d'une réalité toute photographique des scènes d'autant plus fictives en son temps qu'elles auraient pu dans le leur ne l'être point, — totalement dénué d'ailleurs de cette fantaisie qui sauve par sa grâce et sa désinvolture les entreprises les plus mal engagées, Meissonier s'installe d'emblée et définitivement en pleine convention, et produit des œuvres aussi mortes et inertes — et de la même manière — que les tableaux dits vivants. Mais au-dessus de Meissonier, il y a Gérard Dou et Decamps et c'est peut-être en examinant de près les ouvrages de ces deux artistes que l'on saisit le mieux, dans leur norme et non plus dans leur charge, les défauts du tableau de genre. La nouvelle disposition des salles du Louvre permet justement les comparaisons les plus fructueuses à cet égard. *La Femme Hydropique* de Gérard Dou se trouve accrochée entre deux petites toiles de Metsu dont l'une représente une cuisinière épluchant un oignon, et l'autre une femme à peu près de même condition qui tient une cruche et un verre. La *Femme Hydropique*, qui pourrait bien être le premier en date des tableaux de genre « conscients », en fixe en tous cas l'étalon : c'est une œuvre dans laquelle se résume l'idéal même de la convention. Les quatre personnages, la femme hydropique, la servante qui présente la cuillère, la petite fille agenouillée portant le mouchoir à ses yeux, le médecin qui élève le bocal d'urine, — tous et chacun sont représentés dans ces attitudes définitives que l'on est censé avoir, et qu'en réalité l'on n'a jamais, et qui correspondent dans le domaine des faits à ces fameuses idées préconçues que secrète en tout temps l'imagination des philistins, et qui leur permet tant de toujours trouver les objets véritables au-dessous de leur attente. Ainsi qu'il convient, dans la *Femme Hydro-*

pique les personnages sont flanqués de tous leurs inévitables attributs, — et si l'on examine le tableau d'un peu près, on constatera d'une part que chacun des détails est également poussé, — d'autre part qu'il n'existe pas, relativement à chacun d'eux, cette subtile et délicate différenciation de matière qui distingue l'œuvre d'art et lui assure son prix. Il suffit de jeter un coup d'œil sur les deux Metsu pour sentir aussitôt la différence. Tout est traité, mais à son plan, par une main sûre, agile, et qui n'appuie pas. La figure de la cuisinière est à la fois éveillée et paisible, — l'acte qu'elle accomplit, elle l'accomplit comme elle l'accomplirait en réalité, c'est-à-dire machinalement et d'une façon toute inconsciente. L'expression que traduit ce visage, c'est la détente d'un état, — détente allègre ici, avec une légère pointe d'innocente malice, — qui ailleurs, en un sujet différent, pourra tout aussi bien être une détente lassée ou meurtrie ; mais ce n'est pas cette tension de la mimique, cette gesticulation des traits par lesquelles le faux artiste croit mieux marquer le pli ou le stigmate professionnel. Le peintre dit « de genre » se sert toujours du geste ou de l'acte. Le peintre tout court, à l'aide de mille nuances qui se diversifient à l'infini, sait tout nous communiquer par le seul état de la physionomie, par la vie végétative qui s'en dégage. C'est là un des points où le départ se fait le mieux entre l'artiste et le fabricant, — ce dernier, au demeurant, d'une sincérité parfois incontestable, — entre le diamant vrai et la pierre reconstituée. « Le grand art, c'est d'omettre », dit Stevenson, — et dans le *Portrait Imaginaire* où Walter Pater évoque, par des touches si justes et si retenues, la grande figure de Watteau, il n'a garde de négliger « son tact dans l'omission ». Cet art d'omettre tout artiste digne de ce nom le pratique d'instinct, et c'est à son école qu'il acquiert cette largeur dans l'exécution qui est aux antipodes de l'application méticuleuse d'un Gérard Dou.

On pourrait objecter qu'entre la *Femme Hydropique* et les deux petites toiles de Metsu, la différence d'échelle risque d'induire en erreur. Mais dans la salle voisine, nous rencontrons un autre tableau de dimensions aussi réduites : c'est encore une ménagère, mais de Gérard Dou cette fois, et le contraste n'en ressort que mieux. La femme a ce visage de porcelaine, si fréquent dans l'œuvre des peintres pour qui tout est sur le même plan, dans la vision uniforme desquels tout tombe sous une seule catégorie : la catégorie de l'objet, de la matière inerte. Elle exhibe un dindon qu'elle tient par la patte, la tête en bas ; la bassine de cuivre et la bouillotte pansue sont enduites, pour ainsi dire, d'un identique éclat, à la fois luisant et morne ; — cet éclat lourd, ce luxe de parvenu qui oppose par exemple la nature morte à l'aiguière de Gérard Dou à celle de la miche de pain de Metsu, sans même mentionner ces natures mortes de Kaleff, si reposantes à l'œil, et devant lesquelles on éprouve la même délicieuse fraîcheur que lorsqu'on rentre en plein été dans une pièce aux volets bien clos. Il serait fastidieux de s'étendre sur les autres Gérard Dou du Louvre; qu'il s'agisse du *Trompette* tout chamarré, qui sûrement va éclater devant son pesant rideau en tapisserie, — fâcheux avant-coureur de tant de mousquetaires, de reîtres ou de lansquenets, — du *Peseur d'Or*, presque un Denner, qui pose pour quelque photographe invisible, — ou bien encore de ces tableaux de vieillards ou de femmes âgées, où Gérard Dou a eu le malheur de regarder du côté de Rembrandt, — les mêmes impressions se répètent jusqu'à ce que l'on arrive devant le portrait du peintre par lui-même. Visage mou, gonflé d'importance, la palette au pouce, l'autre main pendant sur le parapet, une de ces mains qui font dire aussitôt à certains : « Il a la main belle ». Gérard Dou n'a pas su résister même ici à placer quelques ustensiles dans un coin. On s'arrête un moment devant le portrait et toute explication devient superflue.

Metsu — dans les plus grandes toiles d'ailleurs, comme le *Marché aux Herbes d'Amsterdam*, ou le *Portrait de l'amiral Tromp*, aussi bien que dans les plus petites, — nous est apparu comme la pierre de touche suffisante sur laquelle éprouver l'œuvre de Gérard Dou ; et encore nous n'avons pas eu recours au Metsu supérieur représenté au Louvre même par tel tableau, comme le *militaire recevant une jeune dame* pour ne pas nommer son chef-d'œuvre, le pathétique *Enfant Malade* de l'ancienne collection Steengracht. Mais si, sans sortir du Louvre, nous avions fait intervenir la *Leçon de Lecture* de Terburg, l'*Intérieur* de Pieter de Hoogh, ou — j'ose à peine seulement la citer en fonction de Gérard Dou — *la Dentellière* de Vermeer, la disproportion eut été par trop écrasante, et cependant les sujets de tous ces tableaux sont des sujets de tableaux de genre, mais du « genre » tout grand artiste s'évade toujours, chacun à sa manière, rien que par la façon dont il le traite et dont il l'interprète en le recomposant (1).

Le lecteur aura établi de lui-même le rapprochement entre les observations auxquelles conduit l'examen des tableaux de Gérard Dou et les réserves que nous avons formulées plus haut sur *Colomba*. Avec l'œuvre de Decamps, c'est un autre aspect de la question que nous abordons, et qui se rattache plus étroitement encore au problème qui nous occupe.

(1) Exception faite pour Rembrandt la plupart des gens continueront toujours à appeler indistinctement les peintres hollandais des « Petits Maîtres ». Il n'en est pas moins vrai qu'il n'existe pas de commune mesure entre Gérard Dou, Van Ostade, Téniers, Miéris, d'une part, et Metsu, Terburg, Pieter de Hoogh, et Vermeer de l'autre, — entre ceux que Louis XIV dénommait non sans justesse les « Magots » — mais voilà, quelles valaient ses raisons ? — et ces divinités noblement familières qui président au calme et luxueux bonheur de l'intimité.

« Notre goût peut, je crois, s'étendre autant que notre intelligence, mais il est difficile qu'il passe au-delà. (1) » Or il existe une phase de la jeunesse où il reste notablement en deçà, et l'œuvre de Decamps correspond à cette phase à laquelle elle apporte une entière satisfaction. L'histoire de notre goût est inscrite dans la courbe de nos admirations : certains d'entre nous, pendant ce long sommeil qui précède l'essor des facultés, débutent par la chromolithographie sentimentale, par l'*Immaculée Conception* de Murillo et par la *Cruche Cassée* de Greuze (2) ; puis brusque-

(1) Vauvenargues, *Introduction à la connaissance de l'esprit humain.*

(2) M. Marcel Proust a défini avec profondeur le caractère nécessairement banal de nos admirations premières : « J'aimais à retrouver l'image de la lune dans des tableaux et dans des livres, mais ces œuvres d'art étaient bien différentes — du moins pendant les premières années, avant que Bloch eût accoutumé mes yeux et ma pensée à des harmonies plus subtiles, — de celles où la lune me paraîtrait belle aujourd'hui et où je ne l'eusse pas reconnue alors. C'était, par exemple, quelque roman de Saintine, un paysage de Gleyre où elle découpe nettement sur le ciel une faucille d'argent, de ces œuvres naïvement incomplètes comme étaient mes propres impressions et que les sœurs de ma grand-mère s'indignaient de me voir aimer. Elles pensaient qu'on doit mettre devant les enfants, et qu'ils font preuve de goût en aimant d'abord, les œuvres que, parvenu à la maturité, on admire définitivement. C'est sans doute qu'elles se figuraient les mérites esthétiques comme des objets matériels qu'un œil

ment, sous l'aiguillon d'une lecture ou de quelque amitié propice, l'esprit s'éveille et déchire ses bandelettes : c'est la libération de l'intelligence, mais d'abord dans le seul domaine des idées générales : un feu sombre l'habite, — un grand enthousiasme indifférencié qui s'étend à tout, et qui cependant, dans le moment même où il nous porte vers les choses, s'interpose, tel un corps opaque, entre l'individualité propre à chacune d'elles et nos possibilités de l'appréhender. Phase durant laquelle, impropres à l'appréciation des nuances, ceux-là même qui seront destinés à mettre plus tard l'esprit de finesse au-dessus de tout, tiennent cet esprit positivement en suspicion, — comme si, dans leur ardeur à poursuivre la Vérité, Une et Indivisible, ils ne redoutaient rien tant que d'y voir se substituer des vérités. C'est que les premières démarches d'un esprit, quand il rejette une foi ou des traditions héritées, sont elles-mêmes, sans qu'il s'en doute, autant de nouveaux actes de foi, et dans lesquelles le sentiment moral, sus-

ouvert ne peut faire autrement que de percevoir, sans avoir eu besoin d'en mûrir lentement des équivalents dans son propre cœur. » (Du côté de chez Swann).

pendu et pour ainsi dire disponible, intervient plus encore que l'intelligence elle-même. Aussi la répercussion de cette crise sur nos admirations artistiques est-elle fort curieuse à observer : le goût n'existe pas encore comme organe autonome, et tout ce qui en nous participera peu à peu à le constituer obéit alors aux seules directives d'une intelligence teintée de moralité. Ayant rompu avec tout ce qui nous apparaissait comme transmis et non recréé, nous sommes forcément amenés à chercher en toutes choses l'originalité ; mais, alliant à un esprit robuste à défaut de pénétrant la sensibilité esthétique la plus rudimentaire, sourds à l'appel qu'à travers son œuvre tout grand artiste adresse à notre tact, nous la trouvons, cette originalité, soit dans un rendu littéral, mais qui nous paraît d'autant plus prestigieux, d'une réalité dont nous connaissons les éléments, — soit, ce qui revient au même, mais nous enivre encore davantage, dans la traduction juxtalinéaire d'une scène et d'un décor exotiques. C'est alors que sonne l'heure de Decamps.

Je me souviens pour ma part que lorsqu'on inaugura au Louvre la Collection Thomy-Thiéry,

— et je n'avais plus alors l'excuse de la toute première jeunesse, — inapte à goûter le *Vallon* de Corot, la *Plaine des Pyrénées*, de Rousseau, bien moins encore, cette *lionne prête à s'élancer*, d'une si rugueuse vigueur, que Delacroix peignit l'année de sa mort, en 1863, — rien ne me paraissait plus beau que l'*Éléphant et le Tigre à la source*. Or le jugement final sur Decamps, il se trouve dans le *Journal* de Delacroix qui avait commencé par l'admirer vivement, mais qui, en cette même année 1863, écrit le 14 mars, au sortir d'une exposition, ces lignes : « Pas un Decamps ne m'a fait plaisir : c'est vieilli, c'est dur et mou, filandreux ; de l'imagination toujours, mais nul dessin ; rien ne devient ennuyeux comme ce fini obstiné sur ce faible dessin. Il est jauni comme du vieil ivoire, et les ombres noires. » Tout y est, et maintenant, que l'on rapproche l'extraordinaire *Poële* de Delacroix d'un intérieur comme le *Bertrand et Raton*, ou n'importe quel croquis du Maroc, du dessin de la collection Coutan : la *Femme orientale* portant une cruche sur la tête : la différence saute aux yeux. Or, en dépit de toute l'adresse avec laquelle, en prétendant au début de *Colomba* qu'il ne sait plus le sens du mot « couleur locale », Mériméecherche à donner le change, — *Colomba* n'en est pas moins un peu le Decamps de la littérature. C'est à cela que je faisais allusion lorsque j'appelais *Colomba* la moins sérieuse des œuvres de Mérimée au sens artistique du terme, — et c'est quelque chose d'analogue que visent ceux qui voient avec raison dans *Colomba* le livret d'Opéra-Comique que n'est justement pas *Carmen*. Nous n'aurions pas insisté si cette réputation usurpée ne risquait de nuire aux réussites authentiques de Mérimée.

*
* *

To find out what you cannot do
And then to go and do it ;
There lies the golden rule (1).

Ces vers me revenaient à la mémoire tandis que je songeais à la distinction si tranchée qu'établit Mérimée entre le possible et l'impossible. Ce qu'ils traduisent n'est rien moins que

(1) Découvrir ce que vous ne pouvez pas faire, puis vous mettre aussitôt à le faire, telle est la maxime d'or.

l'attitude héroïque de l'esprit, — celle qui confère à telle de ses entreprises la signification, la dignité d'une vertu. Ils tracent par là même, et définissent, la limite de Mérimée. Cette distinction entre le possible et l'impossible, c'est le rempart dont se couvre la place forte du goût, — d'un goût strict qui à ses exigences n'admet nulle dérogation ; pourtant il faut qu'à de certains moments l'âme puisse opérer une sortie hors des murs. Elle ramènera captives des beautés nouvelles qui, introduites dans l'antique réseau, comme autant de fils précieux communiqueront au goût lui-même cette grandeur de touche qui se sent partout dans le riche tissu de l'art italien. Mérimée, lui, reste toujours à l'intérieur de l'enceinte. C'est que l'âme lui fait défaut, ainsi qu'il advient parfois chez ceux dont le cœur craint par dessus tout d'être pris en flagrant délit de sensibilité. Dans la vie sentimentale le cœur représente l'organe agissant, l'organe de la pratique : c'est spontanément qu'il entre en action, mais presque toujours pour des fins déterminées : il intervient en des circonstances, sinon régulières et exactement prévisibles, du moins dans une certaine mesure possibles à conjecturer, et il s'y dépense en actes précis. Mais comme autant de gages donnés ces actes divulguent son existence ; et si le cœur est atteint d'une délicatesse tant soit peu ombrageuse, — si, loin de s'y complaire, il ne vise qu'à fuir tout ce qui le manifeste, il se cache et va jusqu'à se nier. L'âme au contraire, — cette vaste faculté flottante, inépuisable et comme indéfiniment extensible, l'unique, la grande disponibilité humaine, — ne recherche, ni ne redoute, la mise à nu de la sensibilité.

*
* *

La sensibilité de Mérimée ne se manifeste pour ainsi dire jamais directement : il use presque toujours de quelque voie détournée lorsqu'il désire exprimer une émotion ; tantôt il la rattache à un souvenir de voyage, tantôt à une légende ancienne, tantôt encore à une anecdote historique, — et sous la grâce même du récit l'émotion vient à pointer, comme par un jour couvert, à la faveur d'une brève éclaircie, la montagne un instant perce la nue.

A propos de Grèce, puisque vous gardez si bien ce qu'on vous donne, voici un brin d'herbe. Je l'ai cueilli sur la colline d'Anthela, aux Thermopyles, à l'endroit où sont morts les derniers des trois cents. Il est probable que cette petite fleur a dans ses atomes constitutifs un peu des atomes de feu Léonidas. En outre, à cet endroit-là même, je me souviens que, couché sur un tas de paille de maïs, devant le corps de garde de gendarmerie (quelle profanation !), je parlai de ma jeunesse à mon ami Ampère, et je lui dis que, parmi les souvenirs tendres qui me restaient, il n'y en avait qu'un seul qui ne fût mêlé d'aucune amertume. Je pensais alors à notre belle jeunesse. *Pray keep my foolish flower* (1).

Je ne sais personne de qui la sensibilité me paraisse répondre aussi exactement à celle de Mérimée que Jane Welsh Carlyle ; nulle part ailleurs je n'ai rencontré les mêmes résonnances, toujours si particulières. L'impression dernière que laissent leur sensibilité et leur esprit est une impression de force, — d'une force à la fois fine et sûre, et chez tous deux cette force, cette sécurité ont une origine identique. Ils ne sont justement si forts que parce qu'ils sont si fragiles : ils se sentent fragiles, vulnérables même,

(1) *Lettres à une Inconnue*, I, p. 48, Paris, mars 1842.

mais ils savent le point précis où ils le sont : ils semblent le savoir depuis toujours, comme si, tout jeunes, ils avaient regardé bien en face leur fragilité, qu'ils en eussent pris la mesure, — décidés une fois pour toutes à ce que du moins la blessure n'apparût jamais à découvert. Il en naît chez eux une sincérité, mieux encore un courage à l'égard de leurs propres sentiments, qui ne trouve l'occasion de s'exercer tout à fait que dans le tête-à-tête, pour ainsi dire, avec ces sentiments eux-mêmes, — qui régit, pourtant, les rapports qui les unissent aux deux ou trois êtres avec lesquels, sans qu'il leur soit jamais possible de se livrer complètement, ils parviennent du moins à communiquer. Il advient alors parfois que l'imperceptible tremblement de l'émotion, affinant encore tous leurs scrupules, leur fasse tailler l'expression de leurs pensées et de leurs sentiments, avec le soin minutieux que l'on apporte à tailler la pointe d'un crayon de bonne qualité.

Perpignan, 11 novembre 1844.

Vous aviez été si longtemps sans m'écrire, que je commençais à être inquiet. Et puis j'étais tourmenté d'une idée saugrenue que je n'ai pas osé vous dire. Je visitais les arènes de Nîmes avec l'architecte du département, qui m'expliquait longuement les réparations qu'il avait fait faire, lorsque je vis, à dix pas de moi, un oiseau charmant, un peu plus gros qu'une mésange, le corps gris de lin, avec les ailes rouges, noires et blanches. Cet oiseau était perché sur une corniche et me regardait fixement. J'interrompis l'architecte pour lui demander le nom de cet oiseau. C'est un grand chasseur, et il me dit qu'il n'en avait jamais vu de semblable. Je m'approchai, et l'oiseau ne s'envola que lorsque j'étais assez près de lui pour le toucher. Il alla se poser à quelques pas de là, me regardant toujours. Partout où j'allais, il semblait me suivre, car je l'ai retrouvé à tous les étages de l'amphithéâtre. Il n'avait pas de compagnon et son vol était sans bruit, comme celui d'un oiseau nocturne.

Le lendemain, je retournai aux arènes et je revis encore mon oiseau. J'avais apporté du pain, que je lui jetai. Il le regarda, mais n'y toucha pas. Je lui jetai ensuite une grosse sauterelle, croyant à la forme de son bec qu'il mangeait des insectes, mais il ne parut pas en faire cas. Le plus savant ornithologiste de la ville me dit qu'il n existait pas dans le pays d'oiseau de cette espèce.

Enfin, à la dernière visite que j'ai faite aux arènes, j'ai rencontré mon oiseau, toujours attaché à mes pas, au point qu'il est entré avec moi dans un corridor étroit et sombre où lui, oiseau de jour, n'aurait jamais dû se hasarder.

Je me souvins alors que la duchesse de Buckingham avait vu son mari sous la forme d'un oiseau le jour de son assassinat, et l'idée me vint que vous étiez peut-être morte et que vous aviez pris cette forme pour me voir. Malgré moi, cette bêtise me tourmentait, et je vous assure que j'ai été enchanté de voir que votre lettre portait la date du jour où j'ai vu pour la première fois mon oiseau merveilleux (1).

C'est à cause de passages de cette nature que je ne saurais me contenter d'admirer Mérimée, que je l'aime comme on aime un ami vivant, — avec un peu, — un peu seulement, — du sentiment que j'éprouve pour Stendhal dont, tant que je pourrai ouvrir un de ses livres, on ne me persuadera jamais qu'il est mort ; — et voilà pourquoi par delà *la Vénus d'Ille* ou *la Double Méprise*, par delà même *le Vase Etrusque*, les *Lettres à une Inconnue* m'apparaissent, sous l'enveloppe protectrice du désenchantement, comme un manuel de courage véritable et d'authentique délicatesse.

(1) *Lettres à une Inconnue*. I, p. 241-243.

ACHEVÉ D'IMPRIMER

le vingt-et-un janvier mil neuf cent vingt-et-un

POUR LA

SOCIÉTÉ DES TRENTE

PAR

BUSSIÈRE

A SAINT-AMAND (CHER)

SOCIÉTÉ DES TRENTE

Publier trente volumes du même format, avec des caractères classiques, une justification agréable, un papier solide, ne publier que des ouvrages lisibles et bien écrits, avec de bons auteurs et sur des sujets intéressants, sans se soucier des modes littéraires et des habitudes d'un jour, en un mot contribuer au relèvement de l'édition et de la librairie, tel est le but de la *Société des Trente*, formée par un groupe d'amateurs et d'auteurs qui veulent montrer que l'on peut imprimer de beaux livres à un prix relativement peu élevé.

La Société des Trente publiera les trente volumes qui composeront sa collection en cinq ans, à raison de six par an.

Ces ouvrages seront tirés à 500 exemplaires sur papier vergé d'Arches numérotés à la presse, et 30 exemplaires sur papier Chine ou Japon.

Le format choisi est l'in-8 écu (140mm × 200mm), qui est celui de ce volume.

Le caractère est le Didot classique.

Les volumes seront vendus en librairie au prix de 10 francs l'exemplaire sur papier vergé, 30 francs sur papier du Japon.

La collection sera complète lorsqu'il aura paru trente volumes, qui ne seront jamais réimprimés.

***Nous avons déjà publié* :**

Maurice Barrès. — *Pour nos Églises* (épuisé).
Émile Bernard. — *Souvenirs sur Paul Cézanne* (épuisé).
Henry Martineau. — *L'Itinéraire de Stendhal.*
André Salmon. — *La Jeune peinture Française* (épuisé).
Rémy de Gourmont. — *Le Chat de Misère* (épuisé).
Lucile de Chateaubriand. — *Œuvres.* Étude de L. Thomas.
Maurice Barrès. — *Autour des Eglises de Village.*
Laurent Tailhade. — *Quelques Fantômes de Jadis* (épuisé).
Alfred Capus. — *Boulevard et Coulisses.*
A. Sérieyx. — *Vincent d'Indy.*
Chateaubriand &*** — *Journal d'un Conclave.*
Jules Destrée. — *Wallonie.*
Charles Morice. — *Quelques Maîtres Modernes.*
Marcel Boulenger. — *Apologie du Duel.*
Rémy de Gourmont. — *Trois Légendes du Moyen Age* (épuisé).
André Salmon. — *La Jeune Sculpture Française* (épuisé).
Émile Bernard. — *Tintoret-Greco-Magnasco-Manet.*
Diderot. — *Historiettes.* Recueillies par Suzy Leparc.
Charles Moulié. — *Apologie des Nouveaux Riches.*
Charles du Bos. — *Notes sur Mérimée.*

www.ingramcontent.com/pod-product-compliance
Ingram Content Group UK Ltd.
Pitfield, Milton Keynes, MK11 3LW, UK
UKHW020334180726
13839UKWH00002B/718

9 782329 564296